영성지향 대상관계정신치료

영성지향 대상관계정신치료

최영민 저

학지사

이 책은 소박한 질문에서 시작하였다. 소박하긴 하나 몇 십 년을 간직해 온 질문이기도 하다. 저자는 정신치료를 전문으로 하는 정신건강의학과 의사이며 기독교인이다. 저자를 비롯하여 정신치료를 전문으로 하는 많은 기독교인이 있다. 이들에게는 기독교인 정신치료자이기 때문에 갖게 되는 질문들이 있다.

기독교인 정신치료자나 일반 정신치료자나 그것은 개인의 신앙 차이일 뿐, 전문적인 정신치료자로서 정신치료를 할 때는 아무런 신앙의 영향을 받지 않고 일반적으로 알려진 정신치료 방식과 똑같은 방식을 취해야 하나? 아니면 기독교인 정신치료자이기 때문에 일반적인 정신치료자와는 다르게 좀 더 좋은 도움을 줄 수 있는 방법은 없는 것인가? 그런 도움이 치료자로서 하나님께 의지하고 성령님의 인도하심을 받는다는 기독교인으로서의 기본적인 태도뿐 아니라, 이론적이고 기법적인 면에서도 더 좋은 정신치료적인 도움을 줄 여지는 없는 것인가? 반대로 이런 도움을 준다면서 알게 모르게 치료 과정에 엉뚱하고 부정적인 영향을 미치게 되는 것은 아닐까?

사실 이러한 질문은 저자 개인의 수십 년에 걸친 질문이기도 하지만 학문적으로도 수십 년 이상 훨씬 오랫동안 지속되어 온 질문이기도 하다. 그동안 출판된 기독교와 심리학의 통합, 정신치료와 영성에 관한 수없이 많은 글이 이를 반영한다. 이런 분야의 어려움 중의 하나는 개념의 모호함에 있다. 신앙이나 영성 등 너무 큰 개념을 구체적인 정신치료와 같이 생각하다보니 통합된 이해를 얻는 것이 쉽지 않다. 스콧Scott*은 그동안 심리학 논문에서 종교와 영성이 어떻게 정의되고 있는지를 살펴보았다. 스콧은 31가지의 서로 다른 종교에 대한 정의와 40가지의 영성에 대한 정의를 발견하였다. 문제는 이런 다양한 정의를 하나의 범주로 만들 수가 없었다는 점이다. 종교나 영성은, 적어도 심리학의 관점에서 볼 때, 하나의 정의로 표현되기엔 너무 큰 개념이라고 볼 수 있다. 정확히 말하면 심리학의 범주를 넘어서는 개념들이다.

영성을 심리학적으로 개념화할 수 있든 없든, 영적인 영역을 포함하는 심리적인 어려움을 가진 많은 내담자가 지금 이 순간에도 기독교인 정신치료자들을 찾아오고 있다.

이 책은 실제 정신치료 현장에서 기독교 영성이 내담자에게 어떻게 도움이 될 수 있는지를 적용해 본 사례집이다. 한 사례는 부하 여직원과 사랑의 감정에 빠진 유부남 연구소 실장의 사례이고, 다른 사례는 아버지의 학대와 어머니의 방치와 거절 속에서 성장

* Scott(1997), Categorizing definitions of religion and spirituality in the psychological literature. In Sperry L, Shafranske P: Spiritually Oriented Psychotherapy. APA. 2005.

한 가정주부의 사례이다. 첫 번째 사례는 부적절한 관계를 통해 오히려 자신의 삶을 어떻게 영적으로 새롭게 바라볼 수 있게 되었는지를 심리적·신앙적으로 다루었다. 두 번째 사례는 부모에 대한 증오와 용서가 처음에는 주된 문제였으나 나중에는 자기 자신이 딸에게 저지른 잘못을 용서받을 수 없다는 두려움이 더 큰 주제로 부각된 경우이다. 할아버지부터 대를 이어 내려오는 학대와 증오, 그리고 상처의 치유와 용서 등은 그것 자체로 세밀한 심리적인 이해와 치료를 요하는 것이었다. 심리적 이해를 통해 어느 정도 마음의 여유를 갖게 된 내담자는 영적인 부분을 다루기를 원하였다. 내담자가 부모와 자기 자신 그리고 딸을 새로운 영적 시선으로 바라볼 수 있도록 내담자와 치료자가 함께 노력한 정신치료적인 과정과 영적인 시도들을 기술하였다.

두 사례에서 다루는 영적인 내용은 매우 제한된 것들이다. 저자는 영성에 대한 큰 이야기를 할 능력도 없고, 그럴 의도는 전혀 없다. 단지, 오랜 고민과 숙고 끝에 이런 작은 시도를 해 보았는데 정신치료의 관점에서는 어떤지 또 기독교의 입장에서 볼 땐 어떻게 와닿는지 의견도 나누고 싶고, 때로는 작은 참고가 되었으면 하는 마음일 뿐이다. 그래서 좀 더 활발하게 이런 이야기들이 전개되었으면 하는 것이 진정한 바람이다. 참으로 하나님 보시기에 아름답고, 하나님이 기뻐하시는 아주 작은 씨앗이 될 수 있기를 소망해 본다.

**차
례**

c o n t e n t s

사례 1

사랑에 대하여

A실장과 B연구원

    A씨는 전업주부인 부인과 초등학생인 외동딸과 함께 살고 있는 40대 중반의 남성이다. 독실한 기독교인으로 아는 목사님의 소개로 치료자를 찾아오게 되었다. 다음은 그가 찾아온 이유를 에세이 식으로 요약한 것이다.

    A실장은 지방 대도시의 한 연구소에 근무하고 있다. 그가 맡고 있는 부서에 B양이 연구원으로 들어온 것이 약 1년 2개월 전이다. 모든 사람이 예쁜 용모에 다소곳한 B양을 좋아했다. B양은 업무처리능력도 좋았다. 거기다 업무 이외 부서의 부수적인 일까지 잘 챙겨 주었다. 부서 책임자로서 좋아할 수밖에 없는 부하 직원이었다. 그런 두 사람 사이에 직장 상사와 부하 직원 이상의 감정이 생기기 시작한 것은 지난번 영월에서 있었던 연구소 MT 이후이다.

6월, 영월 동강은 참으로 아름다웠다. 10여 명의 연구실 직원들은 모두 동강 위쪽으로 래프팅을 떠난 뒤였다, A실장과 B양만 숙소에 남아서 뒤늦게 도착하기로 한 연구소 소장을 기다리고 있었다. 아직 1시간여를 기다려야 했다. 두 사람은 자연스럽게 숙소 앞 강변으로 나갔다.

"같이 래프팅 가지 뭐 하러 남았어, 소장님은 혼자 기다려도 되는데……."

일부로 자청해서 남은 B양에게 지나가는 말로 던진 인사였는데 B양은 A실장에게 뜻밖의 고백을 하였다.

"실장님, 저 실장님을 너무 좋아해요."

전혀 예상치 못한 반응이었다. 토요일 오후의 강렬한 햇살이 강변을 걷는 두 사람의 마음을 어지럽게 문질렀다. B양의 고백은 너무나 뜻밖이었지만 싫지 않았다. A실장은 좀 더 확인하고 싶은 마음까지 들었다.

"그랬어……."

"연구소에 처음 입사했을 때부터 친절하게 대해 주셔서 감사했어요. 처음엔 고마운 마음이었는데 이젠 실장님 모습만 봐도 가슴이 콩닥거려 견딜 수가 없어요. 실장님께 들킬까 봐 하루하루 마음 조일 때가 많았어요."

사람을 좋아한다는데, 그것도 가슴 콩닥거리게 사랑한다는데 40년을 넘게 뛰어 온 A실장의 가슴도 같이 콩닥거리기 시작하였다.

영월 동강이 꿈이었다면 도시 연구소는 현실이었다. 그러나 A실장에게 6월의 연구소는 가슴 두근거리는 혼란이었다. A실장은 생전 연구밖에 모르던 숙맥이었다. 몇 년 만에 같이 공연을 보고 분위기 있는 카페에서 차를 마셨다. 스물여덟 살 B양과 함께하는 시간들은 20대의 두근거림과

14

40대의 죄책감을 동시에 느끼게 하였다. A실장은 그의 부인과 열 살 난 딸을 진심으로 사랑했다. 가정이 깨진다는 것은 상상조차 할 수 없는 일이었다. 기독교인으로서 느끼는 죄책감은 말할 나위 없이 그를 괴롭혔다.

그러기에 다시는 B양을 개인적으로 만나지 않겠다고 속으로 여러 번, 아주 여러 번 다짐하였다. 그러나 B양을 보는 순간 억누르기 힘든 불편한 욕망이 다시 올라왔다. 일부러 아내와 교회 저녁 집회까지 더 열심히 참석하였다. 주말에는 기도원에도 갔다. 어떻게든 욕망을 억누르려 하였지만 욕망은 눌렸던 만큼 다시 자기주장을 하곤 했다. 다행히 모태신앙인 A실장의 믿음 때문에 아직까지 B양과 신체적인 접촉은 없었다. 그러나 위험이 다가오고 있음을 A실장 스스로 감지하고 있었다.

그동안 수없이 많은 연구를 하면서 충분히 자기 통제를 잘해 온 A실장이었다. 그러나 B양과 관계에선 도대체 마음을 붙잡을 수 없었다. A실장은 진심으로 가정을 지키려고 하였다. 그는 B양과 관계를 정말 정리하고 싶었지만 뜻대로 되지 않았다.

목사님을 찾아가는 것이 쉬운 일은 아니었다. 자초지종을 이야기하는 것은 더더욱 어려운 일이었다. 목사님은 아무런 정죄의 말을 하지 않았다. 신앙적인 권면도 하지 않았다. 단지 "우리 모두가 연약한 존재입니다."라고 말한 후 상담을 받도록 안내를 해 주었다.

∞ 신앙적 권면과 무의식적인 심리에 대한 고려

A실장은 기독교인으로서 죄를 짓지 않으려고 힘겹게 애를 쓰고 있다. 그 죄를 불러일으키는 것은 한 여성을 향한 부도덕한 욕망이다. 그렇다면 왜 목사님은 먼저 신앙적 권면을 하지 않고 기독교인인 치료자에게 상담을 받도록 권했을까? B연구원을 향한 그의 마음과 행동 때문에 A실장은 심한 죄책감을 느끼고 있다. 그러면서 신앙 안에서 자신을 극복하려고 치열하게 노력하고 있다. 이런 점을 고려하여 다시 한 번 강력하게 신앙적인 권면을 해 주면 어떨까? 예를 들어, 적절한 성경적 말씀을 인용하면서 B양과 관계를 끊을 수 있도록 권면해 주는 것이 도움이 되지 않을까?

성경에는 가정과 부부관계에 관한 많은 말씀이 있다. 마태복음 5장에 있는 간음에 관한 예수님의 말씀은 매우 강력하다. "또 간음치 말라 하였다는 것을 너희가 들었으나 나는 너희에게 이르노니 여자를 보고 음욕을 품는 자마다 마음에 이미 간음하였느니라." 음욕을 품은 자가 취해야 할 처신에 대한 예수님의 말씀은 더욱 강력하다. "만일 네 오른 눈이 너로 실족케 하거든 빼어 내버리라 네 백체 중 하나가 없어지고 온몸이 지옥에 던지우지 않는 것이 유익하며, 또한 만일 네 오른손이 너로 실족케 하거든 찍어 내버리라 네 백체 중 하나가 없어지고 온몸이 지옥에 던지우지 않는 것이 유익하니라"

이와 같은 다양한 성경의 말씀을 얘기해 주며 음욕에서 벗어나려는 A실장의 노력이 믿음 안에서, 또 성령의 인도하심 속에서 성공할 수 있게 도와주는 방법을 생각해 볼 수 있다. A실장이 신앙

16

적으로 잘 준비된 사람이란 점을 고려할 때 이런 신앙적 권면은 분명히 도움이 될 것이다. 그러나 사실 A실장 스스로 이런 신앙적 노력을 안 한 것은 아니다. 오히려 안타까울 정도로 그런 노력을 해 왔다. 그러나 혼자 하는 노력과 영적으로 잘 준비된 사람의 도움을 받는 것은 차이가 있을 수 있다. 그런 점을 고려할 때 영성이 잘 준비된 목사님이나 영적 지도자의 체계적인 권면과 영적 지도를 직접 받는 것은 큰 도움이 될 수 있다. 체계적인 영성 지도는 혼자 노력하는 것과 달리 또 다른 영향을 줄 수 있기 때문이다. 할 수만 있다면 이 방법은 분명 추천할만하다.

다른 관점에서 보면 믿음이 좋은 A실장이 신앙적으로 애써 노력하는데도 불구하고 B연구원과 관계에서 헤어나지 못하는 것은 그렇게 헤어나지 못하게 만드는 어떤 심리적 요인이 있다고 해석할 수 있다. 왜냐하면 수없이 많은 신앙적인 노력과 의식적인 노력에도 불구하고 A실장의 마음은 계속 다른 방향으로 달려가고 있기 때문이다.

'나의 행하는 것을 내가 알지 못하노니 곧 원하는 이것은 행하지 아니하고 도리어 미워하는 그것을 함이라…… 내가 원하는 바 선은 하지 아니하고 도리어 원치 아니하는 바 악은 행하는도다…… 오호라 나는 곤고한 사람이로다 이 사망의 몸에서 누가 나를 건져 내랴' (로마서 7:15, 19, 24)

A실장의 마음을 이 구절보다 더 잘 표현하기란 쉽지 않아 보인다. 버클레이는 그의 주석에서 로마서 7장은 심리적인 이해를 필요로 하는 것 같다고 말하였다. 그의 말대로 이 구절들은 의식과 무의식의 갈등이 비교적 잘 표현된 것으로 볼 수 있다. 즉, 우리의 의식은 신앙 안에서 잘 생활하려고 하는데 어떤 무의식적인 요소가 그런 신앙생활을 방해한다는 것이다(이런 표현은 매우 미묘한 측면이 있다. 자칫하면 성경을 단지 심리적으로 파악하려는 아주 위험하고 잘못된 시도로 오해받을 수 있다. 물론 그런 의도는 전혀 없다. 그 반대로 성경을 온전히 이해하는 데 심리적인 이해가 부분적으로 도움이 될 수 있다는 것이 저자의 근본적인 태도이다. 이런 부분은 나중 하나님의 형상으로서 인간 이해, 전인적 인간 이해 등에서 좀 더 자세히 논의할 것이다).

영성지향정신치료의 중요한 목적 중의 하나는 신앙생활을 방해하는(죄를 짓게 하는) 무의식적인 요소들을 이해하고 가능한 한 그것에서 자유로워지게 하는 것이다. A실장의 의식은 하나님의 뜻에 합당한 삶을 살아가려 하는 반면에 뭔가 자신도 인식하지 못하는 어떤 힘(무의식적인 심리)이 정반대되는 행동을 하게끔 만들고 있다. 만약 A실장이 그런 무의식적인 심리에 대해 이해할 수 있다면 그런 심리를 조절하고 통제하는 것은 어느 정도 가능할 것이다. 인식하지도 못하고 이해되지 않는 것을 통제할 수는 없다. 그러나 우리가 그것을 인식하고 이해할 수 있을 때엔 나름대로 대응도 할 수 있고, 때론 극복도 할 수 있다. 물론 무의식적인 것을 이해했다고 저절로 올바른 영적인 삶이 보장되는 것은 아니다. 그러나 신앙생활을 왜곡하는 무의식적인 요소를 이해하고 그것에서 벗어나는 것은 우리의 영성을 회복하는 심리적인 첫걸음이 될 것이다(성령님의 인도하심이 모든 영성 회복의 첫걸음이고, 모든 회복의 전제가 되지만 이 부분은 여기에서 다루지 않기에 심리적인 첫걸음이라고 표현하였다). 정신치료 안에서 우리의 영성을 회복하는 것은 영성 통합정신치료의 가장 핵심적인 목표이다.

실제 상담의 관점에서 볼 때, 전체적인 순서는 A실장이 겪고 있는 신앙적인 어려움을 의식과 무의식의 갈등 관점에서 먼저 상담하는 것이다. 이를 통해 무의식적인 요소들을 이해하고 그로부터 가능한 한 자유로워질 수 있도록 돕는 것이다. 그래서 보다 무의식적인 영향에서 자유로워진 마음과 신앙 안에서 B양과 관계를 하나님의 뜻에 합당하게 처리할 수 있도록 도와주는 것이 그다음 단계라고 볼 수 있다. 이론적으론 이렇게 순서를 나눌 수 있지만, 실제 상담 상황에선 사실 두 요소가 끊임없이 지속적으로 서로 영향을 주고받는 것을 느낄 수 있다.

사례에 대한 심리적 이해

그렇다면 A실장이 겪고 있는 의식과 무의식의 갈등이란 구체
적으로 어떤 것인가? 의식과 무의식의 갈등은 정신분석적인 개념
이다. 그러므로 이를 이해하기 위해선 정신분석적 지식이 필요하
다. 광범위한 정신분석이론과 치료기법을 포괄적으로 다 설명하
는 것은 이 책의 목적이 아니다. 그러나 영성지향정신치료를 제대
로 설명하기 위해선 정신분석이론에 대한 핵심 내용을 언급하지
않을 수 없다. 정신분석에 대한 설명이 산만해지는 것을 막기 위
해서 '정신분석은 A실장의 고민을 어떻게 이해하고 어떻게 도와
줄 수 있는가?'에만 초점을 맞추려고 한다.

∞ 전통적인 프로이트의 견해

 A실장의 핵심적인 갈등의 시작은 B양에 대한 참을 수 없는 욕망이다. 그리고 그를 괴롭히는 것은 바로 그 욕망을 억눌러 조절할 수 없다는 것이다. 당연히 그런 마음의 흔들림 정도는 다스려야 된다고 생각하는데 도무지 그렇게 되지 않는 것이 고통의 핵심이다. 왜 그렇게 욕망은 잘 다스려지지 않는 것일까?

 프로이트는 초기 연구부터 '무엇을 욕망하는 마음'과 '그런 욕망을 억누르려는 마음'처럼 인간에겐 어떤 상반된 두 마음이 있다는 점에 주목하였다. 그리고 그 두 마음이 서로 반대하는 힘으로 작용한다는 것을 알게 되었다. 그는 한쪽의 힘을 '의지', '자유 의지', '의식' 등으로 불렀다. 그에 반하여 갈등을 일으키는 다른 심리적 힘을 '반하는 의지', '정반대의 사고', '무의식'이라고 불렀다.

 인간의 마음에 대한 이러한 견해는 당시 서구에서 널리 퍼져 있던 견해와는 다른 것이었다. 당시 서구에서 바라보던 인간은 스스로 자기 경험과 행동을 결정하고 책임질 수 있는 주체적 존재였다. 즉, 자신이 노력만 하면 자신의 마음을 의식에서 통합할 수 있다고 생각하였다. 정신분석이론을 정립해 가면서 프로이트는 그 시대까지 서구에서 익히 알고 있던 사람의 모습과는 전혀 다른 모습을 제시하였다. 즉, 사람이 의식하는 것은 빙산의 일각에 지나지 않고 인간에겐 무의식이 있다는 것이다. 그리고 사람은 무의식적인 힘에 의해 꼭두각시처럼 움직이는 존재라고 주장하였다.

이렇게 정립된 초기 프로이트의 마음에 대한 이해를 지형학적 이론topographical theory이라고 한다. 지형학적 이론은 우리의 정신이 서로 다르게 작동하는 영역—의식, 전의식, 무의식—들로 구성되어 있다는 개념이다.

의식은 직접 자기 마음을 인식할 수 있는 심리 영역이다. 전의식은 의식에서 포착되지 않는다는 점에서 현상적으로 무의식으로 간주되나 비교적 쉽게 의식화될 수 있는 심리 영역을 나타낸다. 무의식은 의식으로부터 억압되어 있어서 의식에서 접근할 수 없는 부분을 뜻한다. 이렇게 인간의 심리기능을 의식, 전의식, 무의식으로 설명하는 것은 마치 사람의 마음을 지도처럼 나눴다고 하여 지형학적 이론이라고 한다(세밀한 설명은 『대상관계이론을 중

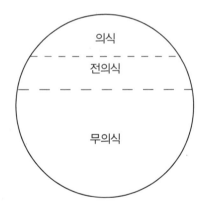

[지형학적 이론] 프로이트는 인간의 마음을 의식, 전의식, 무의식이라는 서로 다르게 작동하는 심리 영역으로 구성된다고 설명하였다. 인간의 마음을 마치 지도처럼 구분하였다고 하여 지형학적 이론이라 부른다.

심으로 쉽게 쓴 정신분석이론』*을 참조하라).

지형학적 이론은 그전에는 이해할 수 없던 인간의 무의식적 영향을 설명해 주었다. 이로써 어떤 욕망을 억누르려고 의식에서 애써 노력하여도 자꾸 실패할 수밖에 없는 이유가 무의식 때문이라는 것을 알 수 있다. 그렇다면 의식과 무의식은 왜 서로 상반되게 작용하는가? 무엇 때문에 무의식은 그렇게 다스리기가 힘든 것인가?

그 이유는 무의식이 의식의 논리를 벗어나는 쾌락원리pleasure principle를 따르기 때문이다. 쾌락원리란 간단히 말해서 원하는 욕동이 무조건 충족되도록 작동하는 원리이다. 여기서 '무조건 충족된다'는 것은 상황이나 여건을 무시하면서라도 욕동을 만족시킨다는 것을 의미한다. 그렇기 때문에 쾌락원리는 논리의 법칙을 따르지 않는다. 이렇게 쾌락원리에 의해 지배되는 사고과정을 일차과정사고 혹은 일차과정논리primary process thinking or logic라고 부른다. 일차과정논리에서는 반대되는 증거도 무시된다. 그리고 상반되고 모순되는 것들이 동시에 존재할 수 있다. 공간과 시간도 무시된다. 전혀 합리적이지 않으며, 흔히 꿈에서나 경험할 수 있는 방식이다.

'어떻게 사람이 그렇게 이상한 일차과정사고를 할 수 있을까' 의아해하겠지만, 사실 쾌락원리와 일차과정사고는 우리 생활 속에서 광범위하게 나타난다. 다음은 한 중학생의 예이다.

✳ 최영민, 대상관계이론을 중심으로 쉽게 쓴 정신분석이론. 서울, 학지사. 2010.

K는 항상 1등을 하는 남자 중학생이다. 다른 학생들에겐 시험이 고통이지만 K에게는 자신의 능력을 확인하는 즐거운 놀이와 같다. 기말시험이 끝난 뒤 아이들이 운동장에서 축구를 하고 있다. K도 담임선생님을 도와 학급 일을 끝낸 뒤 아이들과 어울려 축구를 하고 싶어졌다. K는 공부는 너무나 잘하지만 몸이 약하고 운동신경이 상당히 둔한 편이다. 다른 학생들은 운동을 못하는 K가 끼면 재미가 없어지기 때문에 끼워 주려하지 않는다. 공부 잘하는 것에 대한 간접적인 보복이기도 하다. 아무리 끼워 달라고 하여도 끼워 주지 않자 K는 시무룩한 채 집으로 돌아올 수밖에 없었다.

이 경우 K가 '그래 나는 공부 잘하는데 운동까지 잘할 순 없지.' 하고 마음을 정리하는 것은 의식의 기능이다(무의식이 쾌락원리를 따르는 반면 의식은 현실원리를 따른다. 무의식이 비이성적인 일차과정사고를 하는 것에 대응하여 의식은 현실적이고 이성적인 이차과정사고를 한다. 그러나 쾌락원리는 아이들이 끼워 주지 않는다고 쉽게 포기하지 않는다. 나도 축구를 잘하고 싶다, 축구를 통해서도 인정받고 싶다는 욕망을 무슨 수를 써서라도 만족시키려는 것이 쾌락원리이다. 그리고 그것을 실현시키는 것이 일차과정사고이다. 무의식의 욕동은 어떻게든 원하는 욕구를 만족시키기 위해 다음과 같이 일차과정사고를 만들어 낸다.

집에 온 K는 방바닥에 가방을 던지고 침대에 벌렁 눕는다. 시간이 조금 지난 뒤 혼자 빙긋 웃기 시작한다. 슬그머니 축구와 연관된 상상을 시작하였기 때문이다. K가 독일 월드컵대회에 우리나라 국가대표로 나갔다. 한국이 승승장구하여 결승에 올랐다. 독일과 결승전을 치르고 있다. 전반 23분 1:0으로 뒤진 상태에서 K가 교체선수로 출전하였다. 경기에 투입되자마자 K는 동점골을 넣고 전반 35분 역전골을 넣었다. 후반 18분 쐐기 골까지 넣은 K의 대활약에 힘입어 한국이 독일을 3:1로 꺾고 마침내 우승을 차지하였다. 귀국 후 우승을 축하하는 거리퍼레이드에서 K는 자기 반 아이들의 부러워하는 시선을 마음껏 즐기고 있다.

몸이 약하고 운동신경이 없는 K가 국가대표 축구선수가 된다는 것은 도무지 이치에 닿지 않는 일이다. 전혀 합리적이지 않고 논리이지 않다. 자기 방 침대에 누워 있는 K가 월드컵에 나가서 축구를 하고 있다는 것도 시간과 공간이 다 무시되는, 말이 안 되는 소리이다. 이런 것이 일차과정사고 혹은 일차과정논리이다. 이렇게 무슨 수를 써서라도, 다시 말해서 비현실적인 공상 속에서라도 만족을 얻으려는 것이 쾌락원리이다.

A실장이 B양을 향한 욕망을 억누르기 힘든 이유 중 하나도 바로 쾌락원리와 일차과정사고 때문이다. 자신이 유부남이며 눈앞에 사랑하는 아내와 딸이 있다는 것, B양은 단지 미혼의 직장 부하직원일 뿐이라는 것, 아마도 이런 감정은 일시적일 것이라는 것, 둘의 관계가 진행될수록 현실적으론 파괴적인 결과만 커질 거라는 것, 이런 명백한 사실들을 무시하면서까지 B양과 데이트를

할 수 있는 것이 일차과정논리 때문이다.

어떤 사람은 '사랑엔 국경도 없다는데'라고 두 사람의 관계를 다르게 바라볼 수 있다. 오히려 B양과 사랑에 몰입하지 못하는 A실장을 못마땅해할 수도 있다. A실장이 B양에게 강하게 끌리는 것은 분명하다. 혹자는 그것을 사랑이라고 부를 수도 있다. 만약 A실장이 B양을 향한 자신의 감정을 사랑이라고만 느꼈다면 목사님을 찾아가지 않았을 것이다. 오히려 그 사랑을 어떻게 이뤄갈지 심각하게 고민했을 것이다. A실장은 B양을 향한 강하고 맹목적인 어떤 이끌림을 느끼고 있다. 강력한 이끌림은 사랑의 한 부분임에 틀림없다. 그러나 A실장은 자신이 느끼는 맹목적인 이끌림이 사랑이 아니라 낯설고 강력한 부적절한 욕구라는 것을 뚜렷이 느끼고 있다. 그가 지금까지 미처 경험하지 못한 통제되고 조절되지 않는 강한 욕구라는 것을 명확하게 느끼고 있다.

K는 비현실적인 상상 속에서 국가대표 축구선수가 되었다. 유부남인 A실장이 스무 살 가까이 차이 나고 여러 현실 여건에 맞지 않는 미혼의 B양과 사랑을 나누는 것도 매우 비현실적인 일이다. 반면 A실장의 연구 활동은 매우 현실적이고 이성적이다. 즉, 의식의 철저한 통제 아래 이뤄지고 있다. A실장의 이런 대조되는 두 모습이 무의식의 영향을 잘 말해 주고 있다. 무의식은 흔히 빙산의 물 밑에 있는 부분으로 비유된다. 우리가 보는 것은 겉으로 드러난 빙산의 일부분일 뿐이다. 빙산이 이리저리 움직이는 것은 사실 물 위에 보이는 빙산이 움직여서가 아니다. 오히려 물 아래 보이지 않는 훨씬 많은 부분 때문이다. 적어도 B양과 관련된 A실장

의 마음은 보이지 않는 무의식에 의해 지배당하고 있다고 말할 수 있다. 이것이 A실장이 B양에 대한 자신의 마음을 조절하기 힘든 이유이다.

∞ 대상관계이론

프로이트의 자아심리학은 B양에 대한 감정이 잘 극복되지 않는 이유가 무의식의 쾌락원리 때문이라고 설명한다. 쾌락원리를 충족시키기 위해 무의식적으로 일차과정사고를 하기 때문에 B양과 관계를 이성적으로 처리하기 힘들다는 뜻이다.

대상관계이론은 또 다른 관점에서 A실장의 감정적 어려움을 설명한다. 대상관계이론은 A실장이 B양에 대한 감정을 잘 극복하지 못하는 것이 내적대상관계의 영향 때문이라고 설명한다. 내적대상관계의 영향이란 무슨 뜻인가? 내적대상관계는 대상관계이론의 핵심적인 개념이다. 내적대상관계를 이해하기 위해 '가'와 '나'라는 두 아이를 먼저 만나 보자.

'가'는 초등학교 1학년 남자아이다. 수업시간에 선생님이 "셋에 넷을 더하면 얼마지?" 하고 물었다. '가'는 선생님의 질문이 끝나자마자 손을 번쩍 들었다. 선생님의 지목을 받은 '가'는 벌떡 일어서서 왼쪽 손가락 3개와 오른쪽 손가락 4개를 펼쳤다. 그리고 '하나 두울 셋' 하면서 손가락 개수를 천천히 세기 시작하였다. 다소 뻔뻔해 보이기까지

하는 이 담대함은 어디서 오는 것일까?

초등학교 입학 전 '가'의 부모님은 비슷한 질문을 '가'에게 하였다. "셋 더하기 넷은 얼마지?" 아직 제대로 더하기를 배우지 않은 '가'는 자연스럽게 왼손과 오른손 손가락을 펼쳐서 세기 시작하였다. '가'의 부모님은 "우리 '가'는 손가락도 예쁘게 생겼네." 하면서 그 모습을 예쁘게 봐 주었다. 그리고 '일곱이요.' 라고 대답하면 답을 맞혔다고 머리를 쓰다듬어 주며 칭찬해 주었다. '가'의 모습과 하는 행동들을 수용해 주고 인정해 주는 부모님의 모습은 일회적인 것이 아니다. 의도적으로 칭찬해 주는 것이 아니라 정말 '가'를 사랑하는 마음에서 우러나기 때문이다. 자연히 '가'는 그가 하는 거의 모든 행동마다 칭찬받고 이해받는다. 부모님으로부터 수없이 공감받고 인정받는 경험은 '가'의 마음에 매우 중요한 흔적을 남긴다. 좋은 경치를 봐도 그 풍광이 마음속에 한동안 남아 있는 법이다. 매일 봐 왔던 고향 풍경은 일생 마음속에 자리 잡는다. 이와 같이 반복적으로 칭찬받았던 아이 자신의 모습 또한 평생을 두고 마음속에 남는다. 이것은 자기 자신에 대한 심상이라고 할 수 있다. 대상관계이론은 이것을 '자기표상self-representation'이라고 부른다.

자기표상을 보다 일상적인 용어로 표현하면 '자아상self image' 이라고 할 수 있다. 자아상이란 자기의 역할이나 존재에 대해 가지는 생각이다. 자아상은 자기 자신에 대한 생각 혹은 이미지이지만 자기 스스로 만드는 것이 아니다. 자신을 인식하고 이해할 수 있는 능력이 부족한 어린아이들은 더더군다나 스스로를 생각하면서 자신의 자아상을 만들 수 없다. 단지 부모가 자신을 칭찬해 주고 인정해 주면 '나는 괜찮은 아인가 보다.'라고 인식할 수 있을 뿐이다. 반대로 하는 일 마다 비난받고 야단맞는 아이는 '나는 나쁜 앤가 보다.'라고 느낄 것이다. 나이가 어리면 어릴수록 인식능력이 더더욱 떨어지기 때문에 부모의 반응을 그대로 흡수한다. 즉, 부모의 칭찬이나 비난을 그대로 흡수하여 자아상을 형성한다.

이런 의미로 볼 때, 부모는 아이가 어떤 존재인지를 비춰 주는 거울과 같다. 아이는 부모가 비춰 주는(칭찬하거나 비난하는) 것을 통해 자신이 누구인지를 알게 된다. 부모라는 거울이 보여 주는 아이의 모습이 아이의 마음속에 내재화되어 아이의 자아상이 형성된다. 즉, 아이의 자기표상이 만들어진다. 이때 아이의 자아상엔 아이 자신의 모습뿐만 아니라 아이를 비춰 주는 부모의 모습도 내재화된다. 이것을 대상표상object representation이라고 한다. 부모와 나눈 경험이 자기표상-대상표상이라는 짝을 이룬 심상으로 형성되는 것이다. 그리고 이런 부모-아이 경험은 지속적으로 반복되기 때문에 아이를 대하는 부모의 태도와 방식도 내재화된다. 결국 아이의 자아상엔 아이의 모습만 있는 것이 아니라 부모의 모습과 아이를 대하는 부모의 태도와 방식도 같이 자리 잡게 된다.

이런 이해를 바탕으로 '가'의 자아상을 표현하면 다음과 같이 그릴 수 있을 것이다.

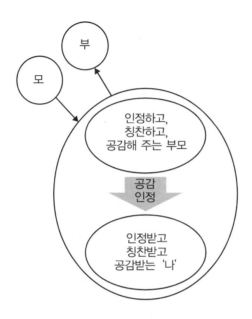

부

모

인정하고,
칭찬하고,
공감해 주는 부모

공감
인정

인정받고
칭찬받고
공감받는 '나'

['가'의 자아상] 칭찬해 주고 인정해 주는 부모와 지속적이고 반복적인 관계의 결과, '인정받고 칭찬받는 나'라는 자기표상과 '인정하고 칭찬해 주는 부모'라는 대상표상 그리고 공감하고 인정해 주는 부모의 태도와 방식이 내재화된다. 자아상은 자기만의 이미지가 아니라 '관계 속의 자기'가 통째로 반영되는 것이다.

이런 자아상을 대상관계이론에서는 내적대상관계internal object relationship라고 표현한다. 혹은 내적작동모델internal working model 이라고도 부른다. 앞서 설명하였듯이 내적대상관계는 오랫동안 지속된 부모와의 관계가 내재화되어 아이의 마음속에 자리 잡은 것이다. 내적대상관계가 갖는 의미는 향후 아이가 다른 사람들과 관계를 맺을 때 기본 틀의 역할을 한다는 점이다. 이제 '가'의 이야기를 계속하며 내적대상관계가 어떻게 관계를 맺는 기본 틀이 되는지를 이해해 보자.

아직 답도 정확히 모르는데 선생님 질문이 끝나자마자 '가'가 번쩍 손을 들 수 있었던 이유는 바로 '가'의 내적대상관계 때문이다. 아직 초등학교 1학년인 '가'는 선생님이 어떤 분인지 제대로 알 리가 없다. 단지 얼마 안 되지만 자신이 그동안 살아 온 경험을 통해 선생님을 나름대로 해석할 수 있을 뿐이다. 그런데 '가'가 살아 온 경험이란 것이 결국 거의 부모관계 경험으로 채워져 있다. 그렇다면 '가'는 선생님을 어떻게 해석할까? 자신이 경험해 왔던 부모 같은 분일 거라고 자연스럽게(무의식적으로) 해석할 것이다. 그리고 부모에게 비춰졌던 자신(인정받고 칭찬받았던 나)처럼 선생님도 자신을 그렇게 볼 것이라고 생각할 가능성이 가장 크다. 뿐만 아니라 손가락을 세서 답을 말하면 실제로 칭찬하고 기뻐하는 일이 벌어질 거라고 예측할 수밖에 없다. 이를 그림으로 묘사하면 다음 페이지의 ['가'의 대상관계]와 같다.

이렇듯 아이의 마음속에 형성된 내적대상관계는 아이가 다른 사람들과 관계를 맺어갈 때 일정한 관계를 반복하게 만드는 '관계의 기본 틀'로 작용한다. 또 다른 아이 '나'를 통해 내적대상관계가 어떻게 '관계의 기본 틀'로 작용하는지를 다시 한 번 살펴보자.

'나'는 '가'와 같은 반 학생이다. 선생님이 "셋에 넷을 더하면 얼마지"라고 물었을 때 총명한 '나'는 금방 '일곱'이란 것을 암산으로 알았다. 그러나 '저요'라고 번쩍 손을 들지 못했다. '나'는 책상 밑에 있는

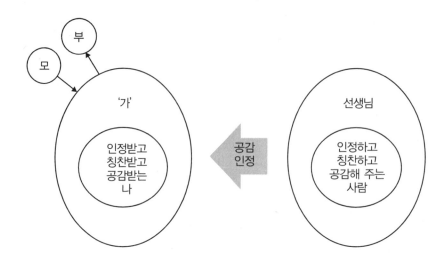

[**'가'의 대상관계**] '가'는 오랫동안 부모와 경험했던 방식으로 생활 속 대인관계도 이뤄질 것이라고 예측하게 된다. 선생님은 당연히 부모처럼 자신을 인정하고 칭찬해 줄 것이라고 생각한다. 그래서 부모에게 칭찬 받았듯이 칭찬받고 인정받을 것이라고 생각한다. 그리고 그렇게 칭찬하 고 인정해 주는 선생님의 태도와 행동이 실제 일어날 것이라고 예측하게 된다. 즉, '가'의 마음속에 자리 잡은 내적대상관계처럼 선생님과의 관계 도 반복될 것이라고 예상한다.

손을 들락말락 망설이고만 있었다. 답을 미처 모르는 '가'는 번쩍 손 을 들었는데 답을 이미 알고 있는 '나'는 왜 손을 들지 못했을까? 역 시 '나'의 마음속에 자리하고 있는 내적대상관계 때문이다.

'나'의 아버지는 중장비를 하나 알코올 중독에 가까운 분이다. 어머 니는 우울증으로 치료를 받고 있다. 어머니는 자신의 우울증 때문에 '나'에게 제대로 관심을 기울일 수 없었다. 실제 어머니는 계시지만, 심리적으로 경험되지 않는 어머니, 다시 말해서 심리적으로 부재한 어 머니였다. 술에 취해 들어 온 '나'의 아버지가 어린 '나'에게 셋 더하기

32

넷이 얼마냐고 물었다. 아직 어린이집에도 못 가 본 '나'는 당연히 손가락을 펼쳐서 세려고 하였다. 그것을 본 '나'의 아버지는 그것도 모르냐고 '나'의 머리를 쥐어박았다. 겨우 손가락을 세서 '일곱이요'라고 대답하자, 손가락을 세어서 맞춘 주제에 그것도 자랑이냐고 또 핀잔을 주었다.

아직 초등학교 1학년인 '나' 또한 선생님이 어떤 분인지 제대로 알 리가 없다. 역시 자신이 그동안 살아온 경험을 통해 선생님을 나름대로 해석할 뿐이다. 그런데 '나'가 겪은 부모관계는 거의 대부분 비난받고 거절당한 경험들이다. 당연히 '나'는 선생님도 자신의 부모처럼 그를 비난하고 거절할 것이라고 자연스럽게(무의식적으로) 해석할 것이다. 설령, 정답을 말하더라도 무슨 꼬투리를 잡아서든 자신을 비난했던 아버지처럼 선생님도 자신을 비난할 것이라고 예측할 것이다. 이것이 '나'가 정답을 알면서도 선뜻 손을 들지 못한 이유이다.

'가'와 '나'는 똑같이 초등학교 1학년이다. 그러나 둘이 각자의 부모님과 나눈 경험은 거의 정반대다. 부모님과 나눈 경험은 '가'와 '나'에게 거의 반대되는 내적대상관계를 형성하였다. '가'는 인정받고 칭찬받는 내적대상관계가 형성되었다. '나'에겐 비난받고 거절당하는 내적대상관계가 형성되었다. 내적대상관계는 실제 대상관계를 경험하는 틀이 되기 때문에 '가'와 '나'는 선생님의 질문에 전혀 상반된 반응을 보였던 것이다.

∞ A실장의 내적대상관계 이해

대상관계이론은 A실장 역시 성장과정에서 경험한 부모님과의 관계에서 일정한 내적대상관계를 형성했다고 생각한다. 그리고 그 내적대상관계가 B양과의 관계에 영향을 미치고 있다고 생각한다.

A실장의 아버지는 큰 회사의 중역을 지내셨다. 딱히 자녀에게 무관심한 것은 아니었지만 바쁜 회사일 때문에 도대체 A와 접촉할 시간이 없었다. A실장에겐 아버지와 같이 지낸 기억 자체가 별로 없다. 어린 아이로선 자신에게 무관심한 아버지로 경험될 수밖에 없었다. 어머니는 간호사로 병원일 하랴 집안일 하랴 바쁘게 지냈지만 양육을 소홀히 하진 않았다. 병원 근무 외 시간에는 외아들인 A에게 집중하였다. 다만, 어머니 성격 자체가 이성적이고 차가운 분이었다. 그래서 따뜻하게 정서적으로 A를 감싸주기보단 냉정하게 공부만을 시켰다. 머리가 좋고 영리한 A는 초·중·고등학교 내내 공부 잘하는 아이였다. 이후 대학은 물론 석·박사까지 모든 과정이 성공적으로 잘 진행되었다. 현재 근무하고 있는 연구소의 생활도 순조로웠다. 시기에 적절하게 실장에 오르고 자기 분야에서 능력을 인정받고 있다.

이렇게 밖으로 보이는 성공한 모습과 달리 A실장의 가슴 속엔 어떤 허전함이 항상 자리 잡고 있었다.

"나는 따뜻한 어머니 품을 한 번도 경험해 본 적이 없습니다. 이런 생각이 들면 마음에 뭔가 구름이 낀 것 같고 기분이 한 없이 가라앉습니다. 가만히 있으면 그런 기분에 더욱 빠져드니까 다른 데에 몰두하려고 노력합니다. 그런데 할 줄 아는 게 별로 없어요. 그동안 공부만 해 왔으니까. 그래서 차라리 연구와 관련된 생각에 몰입합니다."

A실장을 괴롭히고 있는 허전함은 부모가 따뜻하게 품어 주었던 경험이 없다는 것이다. 아버지는 무관심한 아버지이지만 때론 거절하는 아버지로도 경험될 수 있는 분이었다. 어머니는 차갑고 냉정하게 요구하는 어머니였다. 이런 부모표상과 짝을 이루는 자기표상은 관심받지 못하고 따뜻하게 사랑받지 못하는 '나'이다. 어린 시절에 형성된 내적대상관계의 틀은 성장과정에서 수정되고 보완되고, 변형된다. 예를 들어, 친구나 선생님 관계에 의해 좋게 수정 보완될 수도 있고, 혹은 더 나쁘게 강화될 수도 있다. A실장의 경우 우수한 학교 성적이나 차분한 성격 때문에 친구나 선생님들로부터 많은 긍정적 반영을 받을 수 있었다. 이런 영향으로 A실장의 대상표상은 실제 부모가 보여 주었던 것에 비해 상당히 완화된 모습으로 수정되었다. 자기표상 또한 긍정적 자기상을 많이 포함하게 되었다. 그러나 그런 긍정적인 경험들이 궁극적으로 따뜻한 어머니의 품에 안기는 경험을 대신해 줄 수는 없었다. 따뜻한 어머니 품에 대한 간절한 바람은 시간이 지나면서 '소망하는 부모상' 혹은 '이상적인 부모상'을 마음속에 형성한다. 사랑받지 못한 허전함의 고통을 처리하는 방어이기도 하다. 그리고 이상적인 부모에게 사랑받는 '이상적인 자기상'도 형성된다. 이런 점들을 고려하며 A실장의 내적대상관계의 틀을 생각해 보면 다음과 같다.

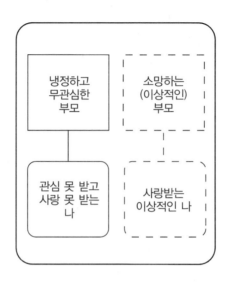

[A실장의 내적대상관계] 실제 부모 모습을 반영하는 냉정하고 무관심한 부모상(대상표상)과 관심받지 못하고 사랑받지 못하는 나의 모습(자기표상)이 기본적으로 내적대상관계로 자리 잡는다. 그러나 실선으로 표시된 이런 관계는 어린 A에게 너무 고통스럽기 때문에 점차 소망하는 이상적인 부모상(자신을 따뜻하게 사랑해 주는 부모상)이 형성된다. 그리고 그런 이상적인 부모에게 사랑받는 이상적인 자기표상도 형성된다. 그러나 이런 이상적인 부모표상과 자기표상은 점선으로 표시되었듯이 실재하지 않는 그야말로 소망하는 관계일 뿐이다. 이런 소망은 때로 공상이나 상상을 통해서 혹은 동화의 내용 등을 통해서 충족되기도 한다.

눈에 보이지 않지만, A실장의 마음속엔 항상 따뜻한 보살핌 경험의 부재에서 오는 허전함이 있었다. 다행히 결혼해서 가정을 꾸리고 자녀를 기르면서 허전함을 경험하는 횟수는 많이 줄어들었다. 부부 사이도 그런대로 무난하였다. 하지만 아내가 그렇게 썩 따뜻한 여자는 아니었기 때문에 마음의 허전함이 충분히 채워지는 느낌은 여전히 받질 못하고 있다. 그렇지만 특별히 따뜻하고 애틋한 나눔의 경험이 없는 A실장은 그런 것이 그냥 살아가는 것이려니 하고 살아온 셈이다. A실장의 이런 심리적 상태가 B양과 관계를 촉진하게 만들었다고 할 수 있다.

◉◉ B양의 내적대상관계 이해

B양의 아버지는 조선소에서 전문 기능인으로 일하셨다. 대학을 가진 못했지만 능력을 인정받는 성실한 분으로 큰 딸인 B양을 무척 예뻐해 주셨다. B양도 퇴근할 때 항상 과자나 다른 주전부리를 사 오셨던 아버지를 따뜻하게 기억하고 있다.

B양에게 어머니는 매우 복합적인 존재이다. 한편으론 하루 세끼 더운밥을 꼭 챙겨 주는 한없이 부지런한 분이다. 거기다 집안살림을 알뜰하고 또 알뜰하게 아껴서 지금의 넉넉한 가정을 일군 분이기도 하다. 그런 면에서 감사하고 고마운 어머니이다. 그러나 다른 면에서 B양의 마음에 항상 그림자를 드리우게 한 분이기도 하다. 일본에서 태어나 그곳에서 어린 시절을 보낸 B양의 어머니는 3~4세 경 한국에 들어와 꽤 외딴 섬에서 성장기를 보냈다. 작은 외딴 섬이라 당시만 하더라도 공부를 할 여건이 되지 못했다. 결과적으로 제대로 된 공부를 거의 못한 채 20대 초반에 가까운 뭍으로 나와 조선소에서 근무하던 현재의 남편을 만나 결혼하였다.

어린 B로선 어머니에게 그런 사정이 있다는 것을 미처 알 수 없었다. 당연히 잘 모르는 문제나 힘든 숙제가 생기면 어머니에게 물어보았다. 어머니는 딸의 질문에 대답을 못해 주시면서 당황해하셨다. 이런 상황을 몇 번 경험하면서 어린 B는 어머니에게 공부에 관해 질문을 하면 안 된다는 것을 일찍 깨달았다. 자연스럽게 어려운 학교 숙제나 문제가 나올 때마다 B는 아버지가 퇴근하기를 기다려야 했다. 아버지는 고등학교는 졸업하셨기 때문에 초등학생 B양의 어려움을 도와주기엔 어려움이 없었다. 아버지가 늦게 퇴근하는 날엔 그냥 잠이 들어 숙제를 못해 간 날도 많았다. 여러 모습을 볼 때 어머니는 머리가 총명한 분이었다. 어떤 때는 총명한데도 배우지 못한 어머니의 아픔이 B양에게도 전해지는 것 같았다.

사춘기를 지나면서 부모님의 낮은 학력이 B양에게 수치심으로 다가왔다. B양은 부모님을 사랑하였다. 그럼에도 불구하고 주위 친구들의 부모님들과 비교되면서 아버지, 어머니의 학력이 점차 부끄럽게 느껴졌다. 때론 수치스럽게 느껴지는 경우도 있었다. 그럴 때마다 B양은 백일몽처럼 이상적인 부모님을 떠올렸다. 그녀가 떠올리는 이상적인 아버지는 훌륭한 대학교수이다. 상상 속의 그 교수는 외모도 잘 생기고 마음이 아주 따뜻한 분이다. 무엇보다 모두가 우러러보는, 학문적으로 인정받는 박사이다. 외모와 따뜻한 마음은 실제 아버지의 모습이다. 학문적으로 뛰어난 박사 교수는 실제 아버지에게는 없는 모습이다. 즉, 실제 아버지와 소망하는 아버지가 결합된 이상적인 아버지상이 백일몽에서 나타나는 것을 알 수 있다. 이런 면을 고려하여 B양의 내적대상관계를 그려 보면 다음과 같다.

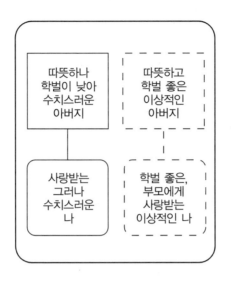

[B양의 내적대상관계]　　실선으로 표시된 부분은 따뜻하나 학벌이 낮아 수치스러운 실제 부모님과 따뜻한 사랑을 받으나 부모님의 학벌에 대해 수치스러워 하는 나를 나타낸다. 점선은 B양이 백일몽 속에서 형성한 이상적인 아버지 모습과 그런 아버지로부터 사랑받는 이상적인 자신의 심상을 나타낸다. 그러나 이런 이상적인 부모표상과 자기표상은 점선으로 표시되었듯이 실재하지 않는 그야말로 소망하는 관계일 뿐이다. 이런 소망은 그야말로 백일몽 속에서나 충족되는 관계이다.

　　B양의 마음속에 자리 잡은 자기표상은 그녀가 연구원이 되는 과정에도 많은 영향을 미쳤다. B양이 열심히 공부하여 연구원이 되려고 하는 것이나 지금도 대학원 과정을 계속하고 있는 것도, 자신은 부모님과 같은 사람이 되지 않겠다는 마음 때문이다. 즉, 배우지 못한 수치스러운 사람이 되지 않겠다는 무의식적인 마음이 공부의 추진력이 되고 있는 셈이다.

∞ A실장과 B양의 대상관계

　마음 한구석이 왠지 허전하지만 하루하루 무난하고 무덤덤하게 보내는 것을 당연하게 여기며 살아온 A실장에게 B양의 등장은 신선한 자극이었다. 직장 업무 외에 개인적인 필요까지 잘 챙겨 주는 B양을 통해 A실장은 그동안 경험하지 못했던 따뜻한 관심을 받는 느낌을 받았다. 그렇지만 A실장에게 B양은 예쁜 용모를 가졌으면서 일도 잘하고, 또 상사인 자신을 잘 챙겨 주는 아주 맘에 드는 부하 직원 그 이상은 아니었다. 즉, 직장 내에서 같이 일하고 서로 챙겨 주면서 상대방을 서로 좋게 평가해 주는 공적인 관계일 뿐이었다. 구태여 남녀관계의 관점에서 바라봐도 사람이라면 누구나 느낄 수 있는 그런 호감을 주는 젊은 여자 연구원일 뿐이었다. 그러나 B양이 고백을 한 순간부터 A실장의 마음에 특별한 감정이 요동치기 시작하였다. 지금까지 느꼈던 공적인 감정과는 전혀 다른 아주 사적인 것이었다. 사랑이라기보다 강렬한 흔들림이었다. 그동안 살아오면서 경험해 보지 못한 전혀 조절되지 않는 이끌림이었다. A실장은 그 이끌림이 사랑이라기보다 조절되어야 할 어떤 것으로 느꼈다.

　심리학적으로 표현하면 A실장은 스스로 조절할 수 없는 어떤 무의식적인 마음에 휘둘리고 있다고 말할 수 있다. B양의 고백이 불러일으킨 이 무의식적인 마음의 파동이 대체 무엇일까? 왜 이 마음은 서로 만나면서 더욱 강렬해졌을까? 당연히 일반적인 남녀가 가질 수 있는 사랑의 감정 때문에 그런 것이 아니냐고 말할 수 있다. 사랑이란 것이 초기엔 특히 맹목적인 것이기 때문에 그렇게 생각하는 것이 당연할 수도 있다. 문제의 핵심은 B양에게 느끼는 자신의 감정을 A실장은 사랑의 감정이라기보다 조절해야 할 어떤 마음이라고 느낀다는 점이다. A실장이 치료자를 찾아온 것이 바로 조절되지 않는 자신의 마음을 이해하고 싶다는 것이었다. 목사님이 직접 신앙상담으로 도와주지 않고 심리치료자에게 의뢰한 이유이기도 하다.

B양의 고백 이전에도 사적인 것까지 챙겨 주는 것을 통해 A실장은 따뜻한 관심을 받는 것을 느끼고 있었다. 물론 스물여덟 살 B양이 여자로 보일 때도 있었다. 그러나 이런 여러 느낌이나 감정은 충분히 의식적으로 조절할 수 있는 것들이었다. 그러나 "실장님, 저 실장님을 너무 좋아해요."라는 B양의 고백은 A실장의 마음에 의식에서 통제할 수 없는 어떤 강렬한 심리를 불러일으켰다. B양이 불러일으킨 어떤 심리는 바로 그가 무의식적으로 소망하던 이상적인 대상관계의 충족이었다.

그를 매우 좋아한다는 B양의 고백을 듣는 순간 A실장의 마음속에선 새로운 내적대상관계가 꿈틀거리기 시작하였다. 상상이나 환상 속에서만 느낄 수 있었던 새로운 자기 느낌, 즉 '누군가로부터 뜨겁게 사랑받는 나'라는 느낌이 깨어나기 시작하였다. '가슴이 콩닥거릴 정도로 나를 사랑한다는 B양'은 A실장이 그렇게 소망해 왔던 이상적인 어머니상이었다. 실제 A실장의 어머니는 차갑게 요구하는 분이었다. 지금 그를 좋아한다는 B양은 있는 그대로의 자기 자신을 가슴 콩닥거리게 사랑해 주는 여자이다. 실제 A실장의 어머니는 A실장이 공부를 잘하고 그녀가 시키는 대로 잘했기 때문에 사랑해 주었다. 그러나 B양은 처음부터 A실장의 모든 것이 너무 좋다며 아무 조건 없이 그를 사랑한다고 말하였다. 아무 조건 없이 그냥 한없이 사랑해 주는 여인, 바로 A실장이 간절히 소망하던 어머니의 모습이다. B양과 관계 속에서 A실장은 현실 속의 한 여자의 사랑을 느끼고 있다. 동시에 마음 깊은 곳(무의식)에서는 그토록 소망하던 이상적인 어머니의 품 안에서 무한한 사랑을 받는 희열을 만끽하고 있는 셈이다. 너무 나이가 어린 여자에게 이상적인 어머니상을 느낀다는 것이 이상하게 들릴 수도 있다. 그러나 이상적인 어머니는 나이와 상관없이 그를 조건 없이 사랑해 주는 사람을 의미한다. 즉, 공부 잘하라는 요구에 부응할 때 차갑게 칭찬해 주는, 머리에만 와 닿는 어머니가 아니라 가슴으로 따뜻하게 와 닿는 그런 어머니가 A실장이 소망해 왔던 어머니였다.

B양에게 또한 A실장은 그가 그렇게 소망해 왔던 이상적인 아버지였다. 마음이 따뜻하면서도 지적이며 높은 학력을 가진 그야말로 이상적인 부모였다. 사실 처음부터 A실장은 무의식적으로 소망하던 아버지였다. 그녀가 일을 잘하고 업무 외에 부수적인 것까지 잘 챙겨 주어 칭찬을 들을 때, 그 칭찬을 해 주는 A실장은 사실 직장 상사가 아닌 소망하던 이상적인 아버지였다. 그렇기 때문에 B양은 더 열심히 그리고 신나게 일을 할 수 있었다. 뿐만 아니라 그녀가 A실장을 사랑하고 그로부터 사랑을 받는 것은 무의식적으론 이상적인 아버지로부터 듬뿍 사랑을 받는 것이었다. 똑똑

하고 지적인 B양이 스무 살 가까이 차이가 나는 A실장을 그토록 사랑한다고 느끼는 무의식적인 이유이기도 하다.

결과적으로 서로가 서로에게 이상적으로 그리워하던 대상이 되어 주는 무의식적인 내적대상관계가 A실장과 B양 두 사람 사이에 형성된 것이다. 기혼인 직장 상사와 미혼의 연구원 사이, 스무 살 가까운 나이 차이 등등의 많은 비현실적인 요소에도 불구하고 서로 통제가 되지 않는 이끌림에서 벗어나지 못하는 이유가 이런 무의식적인 요소 때문이라고 볼 수 있다.

(A실장과 B양이 서로 강렬하게 이끌리는 무의식적 요소를 오이디푸스 갈등의 관점에서도 설명할 수 있다. A실장이 B양에게 강하게 이끌리는 것을 이상적인 어머니와의 근친상간적인 소망으로 생각할 수 있다. 또한 B양과 관계를 통해 자신이 거세당하지 않았다는 것을 확인하고픈 심리로 볼 수 있다. B양 역시 이상적인 아버지와의 근친상간적인 소망 때문에 A실장에게 강렬하게 이끌린다고 볼 수 있다. 그리고 그런 아버지와 연합을 통해 오이디푸스 승리를 느끼려는 것이라고 생각할 수 있다. 그러나 A실장과 B양의 관계는 내적대상관계에 의한 설명으로 충분하기 때문에 오이디푸스 갈등의 관점에서 설명은 생략하기로 한다.)

실제 정신치료과정

　영성지향정신치료가 A실장의 문제점을 이해하는 방식은 다음
과 같다.

　A실장은 오랫동안 좋은 믿음 생활을 해 온 훌륭한 신앙인이다.
어느 날 그는 부하 연구원인 B양과 부적절한 관계에 빠지게 되었
다. 비록 육체적인 관계에 이른 것은 아니지만 그런 위험을 느끼
며 가정을 지키려고 애를 쓰고 있다. 기독교인으로서 심한 죄책감
을 느끼는 것은 물론이다. 그래서 B양과 관계를 정리하려고 갖은
노력을 해 보지만 뜻대로 되지 않는다. 신앙적으로도 애써 노력하
지만 역시 벗어나지를 못하고 있다. 영성지향정신치료는 좋은 믿
음을 가진 A실장이 신앙적으로 그렇게 애쓰는데도 불구하고 B양
과의 관계에서 헤어나지 못하는 것은 어떤 무의식적인 심리적 요
인이 작용하기 때문이라고 생각한다. 왜냐하면 수없이 많은 신앙

적인 노력과 의식적인 노력에도 불구하고 A실장의 마음은 계속 다른 방향으로 달려가고 있기 때문이다.

그렇기 때문에 영성지향정신치료의 첫 단계는 신앙생활을 방해하는(죄를 짓게 하는) 무의식적인 요소들을 이해하고 가능한 한 그것에서 자유로워지는 것이다. A실장의 의식은 하나님의 뜻에 합당한 삶을 살아가려고 한다. 그런데 뭔가 자신도 인식하지 못하는 어떤 힘(무의식적인 심리)이 정반대되는 행동을 하게끔 만들고 있다. 이런 무의식적인 힘을 이해하는 것이 일차적으로 필요하다. 그렇다고 무의식적인 것을 이해했다고 해서 저절로 올바른 영적인 삶이 보장되는 것은 아니다. 그러므로 무의식적인 영향에서 자유로워진 마음과 신앙 안에서 B양과 관계를 하나님의 뜻에 합당하게 처리할 수 있도록 도와주는 것이 영성지향정신치료의 다음 단계가 된다. 이론적으론 이렇게 순서를 나눌 수 있지만, 실제 상담 상황에선 사실 두 요소가 끊임없이 그리고 지속적으로 서로 영향을 주고받을 것이다. 궁극적으로 치료를 통하여 심리적 문제는 물론 성령의 인도하심을 따르는 신앙적으로 올바른 삶을 살아갈 수 있도록 도와주는 것이 영성지향정신치료의 핵심적인 목표이다.

기법적인 면에선 영성지향정신치료가 진행되는 과정은 정신분석적 정신치료와 일차적으로 크게 다르지 않다. 정신치료에서 행하게 되는 처음 시작의 기법이나 전이, 저항, 역전이 들의 처리 등 일반적인 과정이 동일하게 진행된다. 그렇기 때문에 영성지향정신치료는 정신분석적 정신치료에 대한 기본적인 이해를 필요로 한다. 그렇다고 세밀한 정신분석적 정신치료 자체의 원리를 여기서 설명하는 것은 불필요한 일이라고 생각한다.

정신분석적 정신치료와 달리 영성지향정신치료는 구체적으로 어떻게 진행되는가에 대해선 A실장의 치료과정을 살펴보면서 구체적으로 설명하는 것이 도움이 될 것이다.

A실장은 지방에서 근무를 끝내고 올라와야 했다. 주 1회 올라올 수밖에 없었기 때문에 금요일 오후 늦은 시간으로 치료시간을 정했다. 주 1회 정신치료라는 점을 고려해 1회 치료시간을 2시간으로 정하였다. 이렇게 정한 데에는 장기간 서울로 계속해서 올라오기 힘든 A실장의 상황도 고려하였다.

A실장의 첫 모습은 한마디로 얌전한 학자 같은 인상이었다. 처음 다소 머뭇거리고 망설이는 모습이 있었지만 그동안 있었던 B연구원과의 관계를 비교적 잘 말해 주었다. 또 성장과정에 대한 이야기와 부모님과의 관계에 대한 이야기도 자세히 표현하였다. 치료 중 감정적으로 힘들고 꺼려지는 부분도 비교적 잘 표현하려고 노력하였다. 심리적으로 성찰하는 힘도 좋아 보였다. 이런 점들을 고려할 때, 성장과정 중 형성된 내적대상관계가 현재 B양과의 관계에 어떤 영향을 미치고 있는지를 이해하는 것만으로도 A실장이 B양과의 관계에서 훨씬 자유로워질 수 있을 것이라는 생각이 들었다.

정신치료가 진행되면서 A실장은 성장과정 중 어머니가 자신에게 끼친 심리적 영향이 어떤 것인지를 점진적으로 이해하게 되었다. 열심히 생활하던 중에도 까닭 없이 찾아오곤 했던 허전함이 사실은 충족되지 못한 사랑의 결핍에서 나타난 심리였다는 것을 알게 되었다. B양과 관계에 빠져 들어가게 된 가장 큰 심리적 이유가 바로 그런 내적 허전함을 충족하려는 것이었다는 것도 깨닫게 되었다. 그리고 B양이 바로 무의식적으로 소망하던 이상적인 어머니상이라는 것도 이해하게 되었다. 바로 이런 이유들 때문에 B양과의 관계를 정리하기 힘들었다는 것도 알게 되었다. 자신에게 영향을 미쳤던 무의식적인 힘들, 특히 성장과정 중에 형성된 내적 대상관계가 두 사람의 관계에 어떤 영향을 미쳤는지를 이해하게 되면서 심리적으로 혼란스러워 하던 모습이 많이 완화되었다.

약 30회의 정신치료가 진행되었을 쯤부터 A실장은 B양과 관계를 어떻게 처리해야 할지에 대해 현실적으로 고민하기 시작하였다. B양에 대한 이끌림이 완전히 없어진 것은 아니었다. 그렇지만 현실적인 판단력이 이끌림을 앞서게 되었고, 이제는 B양과의 관계를 어떻게든 정리해야 한다고 느끼게 되었다. 문제는 B양은 따로 정신치료를 받고 있지 않다는 점이었다. A실장은 정신치료를 하면서 자신의 무의식적인 측면들을 알게 되고, 또 관계를 정리할 수 있는 마음의 힘을 갖게 된 반면 B양은 그런 심리적 준비가 전혀 안 된 상태였다. 이 부분은 치료과정 중 B양의 성장과정에 대해 이해하게 된 측면을 A실장 스스로가 B양에게 전달해 주기로 하였다. 그래서 A실장이 바로 B양의 이상적인 아버지상이었기 때문에 심리적으로 더욱 집착하게 되었다는 점을 B양에게 전달해 주었다. 그런 전달의 효과가 B양에게 어떤 심리적 변화를 주었는지 명확하지 않았다. 그러나 적어도 A실장이 두 사람의 관계를 남녀 관계로 푹 빠져서 보기보다는 어떤 심리적 관계로 객관적으로 보기 시작했다는 점은 전달된 것으로 보였다.

현실적으로 볼 때 A실장과 B양의 관계를 정리할 수 있는 방법이 그리 많아 보이진 않았다. 먼저 떠 올릴 수 있는 것은 두 사람이 서로 마음을 잘 정리하여 남녀 관계가 아닌 본래의 직장 상사와 부하 직원의 관계로 돌아가는 것이다. 그렇지 못할 경우 현재와 같이 서로 갈등하면서 이러지도 저러지도 못하는 힘든 시간들을 계속 보내야 할 것이다. 이 지점에서 A실장의 고민이 깊어갔다. 현재와 같은 상황을 지속하는 것도 있을 수 없는 일이지만 반대로 아주 산뜻하게 정리한다는 것도 그렇게 쉬워 보이지 않았다. 아무리 마음을 가다듬어도 막상 부딪칠 때마다 성적인 욕망을 비롯한 복잡한 감정들이 슬금슬금 올라올 것이라는 것을 A실장은 그동안의 경험을 통해 익히 알고 있었다. 정리가 잘 되든 안 되든 어떤 경우에도 직장 생활이 불편할 것이라는 마음을 떨치기 어려웠다.

사실 두 사람의 앞날에 대한 불편한 염려보다 더 A실장의 마음을 힘들게 하는 것이 따로 있었다. A실장이 B양과 관계를 정리하겠다고 마음먹은 순간부터 묘한 허무한 느낌이 그를 괴롭혔다. 두 사람의 관계가 무엇이었나? 그냥 심리적으로 이끌렸다가 단지 다시 심리적으로 정리되는 것, 그런 것이었나? 이런 생각들이 A실장의 마음을 허망하게 만들었다. 그러면서 A실장 스스로 그동안 두 사람의 관계는 정말 무엇이었는지에 대해 진지하게 생각하기 시작하였다.

이때가 40회가 지날 무렵이었다. 그동안 정신치료를 하면서 A실장은 자신과 B양의 내면에 형성된 내적대상관계를 중심으로 두 사람의 관계를 이해할 수 있었다. 현재 A실장은 성적 욕동이나 이상적인 내적대상관계의 추구라는 무의식적인 심리로부터 어느 정도 자유로워진 모습을 뚜렷이 보이기 시작하였다. 그러나 자신의 심리적인 이유에서 자유로워졌다고 해서 영성이 저절로 회복되는 것은 아니다. 단지 영성지향을 할 수 있는 마음의 준비가 된 상태라고 볼 수 있다. 왜냐하면 심리적으로 얽매이는 것이 지속되는 상황에선 의식적이든 무의식적이든 모든 관심이 거기에 집중될 수밖에 없기 때문에 영적인 생각 자체가 어려워진다. 그렇기 때문에 심리적인 요인들로부터 어느 정도 자유로워진 이 시점이 정신역동적 정신치료에서 영성지향적 탐색을 시작하기에 적절한 지점이라고 볼 수 있다.

∞ 영성지향적 탐색

이런 점들을 고려하여 좀 더 다양한 영성지향적 탐색을 나누기 시작하였다. A실장은 기독교의 관점에서 볼 때 두 사람의 관계는 정말 어떤 것이었는지 보다 큰 시선으로 두 사람의 관계를 보고 싶어 했다. A실장은 스스로 다양한 인간론에 관한 책도 보고, 이와 관련된 성경 말씀을 열심히 찾아보기도 하였다. 치료 시간 중에 A실장 자신이 성경 구절이나 신앙적 생각을 먼저 이야기하는 경우도 훨씬 증가하였다. 이런 A실장의 모습은 정말 자신의 상황을 잘 이해하고 싶어 온갖 노력을 하는데 실제론 어찌할 바를 몰라 좌충우돌하는 사람처럼 보였다.

사실 A실장이 겪고 있는 당혹감은 우리 인간의 한계가 잘 나타난 모습에 불과하다. 아무리 우리가 처한 상황이나 우리 자신을 이해하려고 애써도 성령의 도움이 없으면 충분히 알 수 없는 것이 우리의 현실이다. 우리가 가지고 있는 인식의 한계를 인식하는 것은 영성지향정신치료의 좋은 출발점이 될 수 있다.

우리가 이제는 거울로 보는 것 같이 희미하나 그때에는 얼굴과 얼굴을 대하여 볼 것이요 이제는 내가 부분적으로 아나 그때에는 주께서 나를 아신 것 같이 내가 온전히 알리라(고린도전서 13:12)

이 구절은 A실장도 이미 알고 있는 것이었고, 마침 사랑의 장에 나오는 구절이라 더욱 A실장에게 와 닿을 수 있었다. 당시 고린도는 청동거울로 유명했던 도시였다고 한다. 요즘의 유리거울은 실제 모습을 거의 그대로 반영하지만, 당시 구리거울은 상당히 희미하게 모습을 비췄을 것이다. 이 구절을 현재 A실장의 상황에 적용한다면, 우리가 참된 사랑의 마음을 갖지 못할 때 우리는 사랑의 대상을 있는 그대로 보지 못하고 구리거울에 비춰진 것처럼 간접적이고, 그나마 희미하게 굴절된 모습으로 볼 수밖에 없다는 의미다. 사랑의 대상만 그렇게 보는 것이 아니라, 자기 자신도 그리고 사랑의 관계 자체도 모두 그렇게 굴절되고 희미하게 볼 수밖에 없을 것이다. A실장도 쉽게 이해할 수 있는 내용이었다.

치료자는 A실장에게 B양이 어떤 존재였는지를 이런 맥락과 관점에서 탐색할 수 있도록 격려하였다. 처음 그냥 연구원으로 일할 때만 해도 A실장의 마음이 B양 때문에 불편하게 동요되거나 혼란스럽진 않았다. 이는 B양이 A실장의 내적 심리와 무관한 독립적인 사람이었기 때문이다. 즉, 서로 인간적인 호감은 있었지만, 두 사람은 각각 연구소의 실장 그리고 유능한 연구원으로 충실하게 일할 수 있었다. 각자 서로를 있는 그대로 볼 수 있었다. 다시 말해서, 각각 한 사람의 주체로서 잘 대할 수 있었다. 그러나 B양이 A실장에게 사랑의 고백을 한 순간부터 B양은 A실장에게 전혀 다른 의미를 갖게 되었다. B양은 A실장의 성적 욕구의 대상이 되었고, 이상적인 어머니 관계를 충족시키고 싶은 욕구의 대상이 되었다. 즉, A실장의 입장에서 볼 때, B양은 이제 나와 독립된 한 주체subject가 아니라 내 무의식적인 욕구를 충족시키는 대상object이 된 것이다. 이런 점은 B양에게도 마찬가지였다. B양 또한 A실장을 '무의식적으로 사용하여' 이상적인 아버지라는 내적 욕구를 만족시켜 온 셈이다.

남녀의 사랑을 어떻게 이런 식으로 심리적인 현상으로만 폄하하냐고 반문할 수 있다. 물론 남녀의 사랑을 이렇게 단순하게 설명할 수는 없다. 남녀의 사랑이 단순한 상호 간의 무의식적인 욕구 충족만은 아니기 때문이다. 그렇지만 많은 무의식적인 욕구가 사랑의 감정에 관여하는 것도 사실이다. 무엇보다 지금 A실장은 B양을 향한 자신의 감정이 사랑이 아니라 어떤 이끌림이라는 것을 인식하고 있다. 그리고 그 이끌림의 심리를 이해하고 B양과 관계를 정리하려 한다. 그렇기 때문에 A실장은 B양을 자신의 욕구의 대상으로 사용했다는 점을 잘 받아들였다.

말 그대로 B양을 A실장 자신의 심리적 욕망이라는 구리거울에 반사시켜 자신의 심리적 욕구의 대상으로만 굴절되게 바라보고 굴절된 방식으로 대했던 것이다.

두 사람에 대한 이런 이해는 A실장 자신과 어머니 관계에 대한 이해로 이어졌다. 즉, A실장 자신이 바로 어머니의 자기애적 욕구의 대상이었다는 것을 더욱 뚜렷이 인식하게 되었다. A실장의 어머니는 직장인이었지만 어느 누구보다 아이를 훌륭하게 잘 키운 어머니가 되길 원했다. 아이를 잘 키우겠다는 것이야 당연하고 좋은 마음이다. 문제는 아이가 독립된 한 인격체로 훌륭하게 성장할 수 있도록 도와주지 못하였다는 것이다. 그의 어머니는 자신의 욕망, 즉 애를 잘 키운 엄마가 되고 싶다는 자기애적 욕망을 성취하기 위한 대상으로 A를 사용하였다. 어떻게 어머니가 자기 아이를 그렇게 자기애적 욕망의 대상으로만 삼겠는가? A실장도 그렇지 않다는 것을 잘 인식하고 있었다. 그렇지만 자신이 어머니의 자기애적 욕구의 대상이었다는 것 또한 부인할 수 없는 일이었다. 그렇기 때문에 그동안 진정한 사랑을 받지 못한 내적 허전함에 얼마나 시달려야 했는지도 더 잘 인식하게 되었다.

어머니 관계에 대한 이해가 늘어나면서 역으로 B양이 자신의 욕구의 대상이었던 것을 더욱 분명히 인식하게 되었다. 어떤 면에선 B양이 A실장 자신의 자기애적 욕구의 희생자일 수도 있다는 생각까지 하게 되었다. B양이 자신의 욕망의 희생자일수도 있다는 생각은 A실장에게 다른 차원의 죄책감을 불러일으켰다. 그동안 A실장을 괴롭혔던 죄책감은 주로 윤리적인 것이었다. 유부남으로서 부정한 행동을 하고 있다는 죄책감, 가족을 속이고 있다는 죄책감 등이었다. 여기에 기독교인으로서 이런 행동을 한다는 것이 죄책감을 배가시켰다. 하지만 이런 죄책감 속에는 "나는 그렇지 않으려고 하는데 나도 모르게 어쩔 수 없이 B양과 관계에 빨려들어가게 된다."는 변명의 여지가 있었다. 그런데 B양이 희생자일 수도 있다는 생각이 들면서 A실장은 처음으로 자신이 능동적으로 죄를 범하고 있다는 것을 느끼게 되었다. 이런 변화는 A실장 자신이 그의 무의식적인 욕구들로부터 어느 정도 자유롭게 되었기 때문에 가능했다고 볼 수 있다.

몇 회가 더 진행되면서 A실장의 기도의 내용이 변하기 시작했다. 그전 A실장의 기도는 '잘못된 죄된 욕망이 생기지 않게 해 달라, 그런 욕망을 물리칠 수 있는 힘을 달라.'는 것이 주된 내용이었다. 그러나 점차 'B양을 내 욕망의 대상으로 삼지 말고 진정한 한 인격체로 대할 수 있는 마음을 갖게 해 달라.'는 것으로 기도가 바뀌었다. 나중엔 더 나아가 'B양도 자신을 그녀의 욕망의 대상으로 보지 않고 한 직장 상사로 순수하게 볼 수 있게 해 달라.'고 기도하게 되었다. 내 욕망에 대한 기도, 즉 자기중심의 기도에서 두 사람을 함께 생각하는 기도로 바뀌었다.

A실장과 B양의 관계가 어떻게 굴절된 관계인지, A실장이 B양을 또 B양이 A실장을 어떻게 구리거울을 통해서 보듯이 서로 희미하고 왜곡되게 보아 왔는지 등등에 대한 탐색이 계속해서 이어졌다.

이제 B양이 A실장 자신의 욕망의 대상, 더 나아가 욕망의 희생자였다는 것을 충분히 인식하게 되었다. 그러면서 B양을 업무적으론 연결되어 있지만 인격적으로 독립된 한 주체로 보는 것이 필요하다는 것도 알게 되었다. 더불어 B양도 A실장 자신을 그런 한 주체로 봐야 한다는 것도 알게 되었다. 서로 주체로 본다는 것이 구체적으로 서로를 어떻게 본다는 것인가? 한 사람이 다른 사람을 한 주체로 본다는 것에는 한계가 있다. 아무리 한 사람을 그 사람 자체로 보고 싶어도 우리는 그 사람에 대해 다 알 수도 없고, 또한 자신이 살아온 경험의 한계를 넘어서는 이해를 한다는 것은 매우 어려운 일이다. 그렇기 때문에 누군가를 진정한 한 주체로 보기 위해선 내 인식의 한계를 넘어서는 보다 근본적인 시선으로 보는 것이 필요하다.

이 부분에서 A실장의 믿음과 신앙적 배경이 큰 기능을 하였다. 자신의 마음으론 B양을 진정한 주체로 보는 것이 불가능하다는 것을 어렵지 않게 인식하였다. 그리고 B양을 있는 그대로 바라볼 수 있는 유일한 분이 B양을 창조하신 하나님 한 분뿐이라는 것을 알게 되었다. A실장이 B양을 한 사람의 주체로 대하기 위해선 바로 하나님이 B양을 대하듯이 A실장 자신도 B양을 그렇게 대해야 한다는 것을 떠올리게 되었다. 다시 말해서, 하나님이 B양과 인격적 관계를 맺어 가듯이 자신도 그런 관계를 유지해야 한다고 깨닫게 되었다. A실장이 이런 생각을 쉽게 떠 올릴 수 있었던 것은 B양 역시 기독교인이었기 때문에 더 수월했던 것으로 보인다. 하나님은 A실장을 인격적으로 대하고 있고, B양도 인격적으로 만나 주신다. 그렇다면 하나님이 두 사람을 대하듯이 A실장이 B양을 대한다는 것은 현 상황에서 구체적으로 어떻게 해야 하는 것인가? 이에 대한 탐색이 이어졌다.

내가 그리스도와 함께 십자가에 못 박혔나니 그런즉 이제는 내가 산 것이 아니요 오직 그리스도께서 사신 것이라 이제 내가 육체 가운데 사는 것은 나를 사랑하사 나를 위하여 자기 몸을 버리신 하나님의 아들을 믿는 믿음 안에서 사는 것이라(갈라디아서 2:20)

오랫동안 성실하게 신앙생활을 해 왔던 A실장에게 십자가의 이미지는 익숙한 것이었다. 올바른 것을 위해 자신이 하고자 하는 것을 참고 견뎌 내고, 때론 포기하는 것이 그에겐 바로 자신의 십자가를 지는 것이었다. B양과의 관계를 포기하는 것도 같은 맥락이었다. 그런데 이 부분에서 A실장에게 중요한 영적 깨달음이 있었다. "……십자가에 못 박혔나니 그런즉 이제는 내가 산 것이 아니요 오직 내 안에 그리스도께서 사신 것이라." "십자가에 못 박힌 후 나는 죽었다." 이 말은 십자가에 못 박히면서 일어나는 변화는 내 욕망의 포기처럼 내 수준에서 어떤 변화가 일어나는 것이 아니라는 것을 의미한다. 내가 죽었는데 무슨 변화가 나에게 일어날 수 있겠는가? 일어난 변화는 단지 내가 죽고 그리스도께서 사시는 그런 변화가 일어났다. "오직 내 안에 그리스도께서 사신 것이라." 즉, 내 존재, 내 삶이 그리스도께서 살아가듯이 그렇게 살아가는 존재가 되었다는 의미이다. A실장이 십자가에 못 박힌다는 것은 A실장 수준에서 B양에게 어떤 것을 하고 안 하는 것이 아니라,

A실장 수준의 삶에서 그리스도 수준의 삶으로 변화되고 도약하는 것을 의미한다. 다시 말해서, 단지 A실장이 B양과의 관계를 포기한다는 차원이 아니라 그리스도께서 하시듯이 A실장이 B양을 대한다는 것을 뜻한다. 우리가 인식의 한계를 벗어난다는 것은 우리가 어떤 큰 깨달음을 얻어서 전에 하던 방식과 다르게 하는 것이 아니라 내 방식이 아닌 전혀 새로운 방식, 즉 그리스도가 하듯이 한다는 것이다.

이제 A실장은 단지 B양과의 관계를 포기하는 것이 아니라 그리스도께서 B양을 대하듯이 자신도 그렇게 B양을 대해야 한다는 것을 이해하게 되었다. 그리스도께서 대하듯이 B양을 대한다는 것이 A실장이 그리스도를 흉내 낸다는 것은 당연히 아니다. 그리스도의 말씀을 따라서 A실장이 B양을 대한다는 것을 뜻하는 것이다. 그러면 예수님처럼 대한다는 것은 어떻게 한다는 것인가? 예수님이 말씀하신 첫째가는 계명과 둘째가는 계명은 모두 '사랑하라'는 것이다. 또한 예수님이 주신 새 계명, 즉 유일한 계명도 '사랑하라'는 것이다.

예수께서 이르시되 네 마음을 다하고 목숨을 다하고 뜻을 다하여 주 너희 하나님을 사랑하라
하셨으니 이것이 크고 첫째 되는 계명이요 둘째도 그와 같으니 네 이웃을 네 자신 같이 사랑하라 하셨으니(마태복음 22:37-39)

새 계명을 너희에게 주노니 서로 사랑하라 내가 너희를 사랑한

것 같이 너희도 서로 사랑하라(요한복음 13:34)

A실장이 B양과의 관계에서 십자가를 진다는 것은 단지 B양과의 관계를 포기한다는 것이 아니라 그리스도께서 B양을 대하듯이 그렇게 대한다는 것이고, 그 말은 그리스도가 우리를 사랑하였듯이 B양을 사랑하라는 것이 된다.

몇 회가 지난 후, 한결 홀가분한, 그러나 다소 상기된 표정으로 나타난 A실장이 다음과 같은 이야기를 들려주었다.

지금까지 B양과의 관계를 끊든지 아니면 계속하든지 두 가지 생각밖에 못했었다. 그런데 예수님은 상황에 따라 관계를 맺었다가 상황이 여의치 않으면 관계를 끊는 그런 분은 아니지 않는가. 어떤 상황에 있든지 우리를 사랑해 주시는 분이 아닌가! 이런 생각이 들면서 B양과의 관계 또한 끊고 안 끊고의 문제가 아니라 정말 예수님이 우릴 사랑하듯이 제대로 B양을 사랑해야 하는 것 아닌가 하는 생각이 들었다. 어쩌면 사람들의 모든 관계가 예수님의 사랑까지 나아가야 한다는 생각을 갖게 되었다. 이런 생각을 정리해서 말로 전달하는 것은 쉬운 일은 아니었다. 그렇지만 기도로 계속 준비했고, 결국 다음과 같이 B양에게 말해 주었다.

"지금까지는 B양을 내 욕망의 대상으로 사랑해 왔지만, 이제부터는 B양을 정말 사랑하기로 했어. 그래서 B양을 내 맘이 원하는 대로 함부로 대하지 않기로 했어. 그 대신 하나님 앞에서 한 사람의 연약한 존재로 정말 소중하게 대하기로 했어. B양은 연구소에선 내 부하 직원이지만 또한 결혼 안 한 나이 찬 숙녀야. 그런 한 여성으로 정말 사랑하기로 했어. 그래서 스물여덟 살 꽃다운 처녀의 개인적인 시간을 유부남인 내가 뺏지 않기로 했어. 그러니까 B양도 나를 정말 사랑해 주길 바라. 한 사람의 연약한 직장 상사로, 또 결혼한 40대 가장으로 소중하게 대해 주기를 바라. 그래서 내가 나의 가정을 소중하게 지킬 수 있도록 그렇게 참으로 나를 사랑해 주기를 바라!"

정신치료와 본인 자신의 기도와 노력을 통해서(물론 모든 과정에 함께하시는 성령님의 인도하심 속에서) A실장은 B양과의 관계를 단지 끊어야 할지 안 끊어야 할지의 관점에서 보지 않게 되었다. 오히려 여전히 사랑해야 하는 관계라고 인식하게 되었다. 다만, 내 식의 사랑, 즉 내 육체적 · 심리적 욕구를 채우는 사랑이 아니라 예수님이 사랑하듯이 사랑해야 되는 관계라는 것을 깨닫게 되었다. A실장이 인간심리의 틀 안에서 B양을 사랑하다가 이제 예수님 안에서 B양을 사랑하게 되었다는 것을 뜻한다. 자기중심적인 사랑 혹은 자기의 욕구를 채우는 사랑이 아니라, 하나님 사랑안에서 새로운 질서 혹은 새로운 의미를 갖게 된 사랑을 하게 되었다 것을 뜻하는 것이기도 하다. 이것은 단순히 잘못된 사랑을 포기하는 것이 아니라 참된 사랑으로 도약하는 것을 의미한다.

참된 사랑으로 도약은 영성지향정신치료의 중요한 한 개념이라고 볼 수 있다. 우리는 거울로 보는 것 같이 희미하게 보고 부분적으로만 알 수 있을 뿐 온전히 알 수 없다는 인식의 한계에 대해서 이야기하였다. 이런 인식의 한계에 대하여 성경은 희미하게 본

다는 표현과 함께, 참 형상을 보지 못하고 그림자와 모형을 본다
고도 표현한다(히브리서 8:5, 10:1; 골로새서 2:17) 우리가 참 형상을
보지 못하고 그림자를 본다는 것의 의미는 무엇일까?

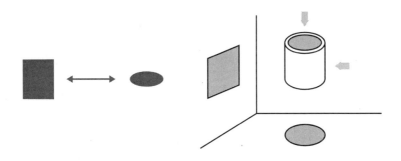

[차원적 존재론]* 　사각형과 동그라미는 서로 다른 도형이다. 둘은 하
나가 될 수 없고 서로 다른 형상이다. 그러나 이 둘이 자체의 형태가 아
니라 그 무엇의 그림자라면, 사각형은 원통 모양을 옆에서 비출 때 나타
나는 그림자가 되고 동그라미는 원통을 위에서 비출 때 바닥에 비춰지는
그림자가 된다. 참형상인 원통을 보지 못하고 그림자만 보게 되면 네모와
동그라미는 서로 다른 도형이지만, 참 형상인 원통을 보게 되면 그 둘은
단지 같은 형상의 그림자라는 것을 알 수 있다.

　　이것을 A실장의 경우에 적용하면, 2차원의 그림자 차원에 있는
A실장의 두 모습, 즉 B양에게 이끌리는 A실장과 B양과의 관계를

＊ 그림은 빅터 프랭클Victor Ftankl의 차원적 존재론의 개념을 차용한 것이다. 자세한
　내용은 The will to meaning. Plume Books 1969. p. 23 참조하라.

포기하는 A실장은 마치 네모와 동그라미처럼 서로 다른 모습이다. 이 둘은 하나로 합쳐질 수 없기에 A실장으로선 갈등할 수밖에 없다. 그렇기 때문에 의지를 가지고 B양과의 관계를 포기한다 하더라도 결국 이런 갈등하는 두 마음에서 아주 벗어나긴 힘들다. 그러나 A실장이 2차원의 그림자 차원에 머물지 않고 3차원의 본래의 형상을 되찾게 된다면 그런 갈등은 문제가 되지 않는다. 갈등이 없어진다는 뜻이 아니라 3차원에 있기 때문에 2차원의 그림자 갈등은 이제 문제가 되지 않는다는 뜻이다. 왜냐하면 네모냐 동그라미냐가 초점이 아니라 참 형상으로서 어떻게 해야 하는가가 초점이 되기 때문이다. 내 욕구를 채우느냐 아니냐는 것은 내가 그림자 차원에서 살 때 부딪치게 되는 문제이다. 그림자 차원이 아닌 참 형상의 차원에서 살아갈 때 우리의 초점은 어떻게 참 형상인 예수님처럼 제대로 사랑하는 가이다. 이것이 참된 사랑으로 도약한다는 것의 의미이다.

∞ 종결: 치료 상황에서 생활 속 영성으로

B양과의 관계가 신앙 안에서 적절하게 처리되었고, 또한 두 사람 모두에게 좋은 결과를 가져왔기 때문에 종결과정에선, 일반적으로 하듯이 치료자와 분리되는 것과 관련된 심리를 주로 다룰 예정이었다. 그러나 A실장은 너무나 쉽게 B양과의 관계에 빠져들었고, 그런 감정을 다스리는 것이 너무나 힘들었기 때문에 무엇보다 다시는 이

린 흔들림에 빠지지 않기를 바랐다. 이런 이유로 그림자 차원에서 참 형상의 차원으로 도약한다는 개념이 A실장에게 크게 와 닿았다. 그런 도약이 자신의 신앙과 삶 속에서 진심으로 이뤄지기를 바랐다. 그래서 그림자 차원에서 갈등하는 것으로부터 자유로워져서 참 형상으로서 올바른 신앙생활을 하고, 일상생활 속에서도 참된 사랑의 삶을 살기를 바랐다. 그렇기 때문에 A실장은 일상생활 속에서 참 형상 차원으로 도약한 삶을 살기 위해선 치료의 종결과정에서 자신의 믿음과 신앙을 전반적으로 살펴보는 것이 필요하다고 생각하였다.

아마 A실장의 이런 심리엔 치료자에 대한 긍정적인 전이관계를 건드리고 싶지 않은 심리가 한몫하였을 가능성이 크다. 치료자는 A실장에게 실제 자신의 아버지처럼 능력과 힘을 가진 윗사람이면서 실제 아버지에게 결여된 깊은 애정과 관심을 보여 주는, A실장이 소망하는 아버지였다. 치료자에 대한 이런 긍정적 전이감정은 앞으로 치료 종결 후 A실장의 삶에 긍정적으로 작용할 가능성이 크다고 판단되었기에 이를 건드리지 않고 종결의 과정을 진행하기로 하였다.

A실장은 참된 기독교인, 즉 올바른 형상으로서 제대로 살고 싶은데 그렇게 하려면 신앙인으로서 나는 어떤 사람이 되어야 하느냐는 것이 요지였다. 이는 결국 믿음과 신앙 전체에 대한 이야기와 크게 다를 바 없다. 영성지향정신치료가 다루는 내용들이 그 속성상 개인의 신앙과 완전히 별개이기는 어렵다. 그렇다고 전반적인 신앙에 대한 이야기를 모든 내담자와 다루는 것도 불가능하다. 단지 매번 각 내담자의 현재 문제와 상황에 가장 밀접하게 관계하고 있는 신

앙의 부분에 초점을 맞추어 다루는 것이 필요할 것이다. 그리고 신학적인 논의보단 구체적으로 영적으로 살아가는 것에 초점을 두어야 할 것이다. A실장의 예를 들면, B양과 관계 경험을 통해서, 즉 기독교인으로서 자기 자신이 누구인지(영성이 포함되는 자기표상) 더욱 뚜렷이 인식하고, 사랑의 도약이라는 개념을 생활 속에서 구체적으로 실현하며 살기 위해서 하나님과 그리스도와 어떤 영적 관계를 맺어야 하는지를 정립하는 것 등에 초점을 두었다.

A실장이 말하는 참 형상이란 결국 기독교인으로서 우리 인간은 누구인가에 대한 이야기이다. 이런 측면을 고려하여 A실장도 이미 어느 정도 알고 있는 하나님의 형상 개념으로부터 종결과정을 시작하였다.

> 하나님이 가라사대 우리의 형상을 따라 우리의 모양대로 우리가 사람을 만들고 그로 바다의 고기와 공중의 새와 육축과 온 땅과 땅에 기는 모든 것을 다스리게 하자 하시고 하나님이 자기 형상 곧 하나님의 형상대로 사람을 창조하시되 남자와 여자를 창조하시고 (창세기 1:26-27)

성경은 인간을 하나님의 형상이라고 정의한다. 하나님의 형상과 관련하여 헤르만 바빙크Herman Bavinck*는 "인간은 단순히

---

* 바빙크, 개혁 교의학Reformed Dogmatics 2. 안토니 후크마: 개혁주의 인간론에서 인용.

하나님의 형상을 소유하거나 지니고 있는 존재가 아니라 인간은 하나님의 형상이다. ……모든 피조물은 하나님의 자취Vestigia Dei를 반영한다. 그러나 오직 인간만이 하나님의 형상Imago Dei이다. 인간은 그 영혼과 육체, 모든 기관과 능력, 모든 조건과 관계성 속에서, 전체적으로 하나님의 형상이다. 인간은 하나님의 형상이다. 인간이 참 인간이기 때문에, 그리고 인간이 참 인간인 한 그렇다."라고 표현하였다.

바빙크는 인간은 전체적으로 하나님의 형상이라고 강조하며 인간이 참 인간인 한 그렇다고 한다. 바빙크에 의하면 한 사람 한 사람이 참 인간인 한, A실장은 하나님의 형상이고 B양도 하나님의 형상이며, 치료자도 하나님의 형상이다. 하나님의 형상은 구체적으로 어떤 의미인가? 어떤 경우에는 동물들과 비교하여 인간만이 가지고 있는 독특한 존재의 질과 양식, 능력, 재능 들을 하나님의 형상의 특성이라고 논의하기도 한다. 그러나 이런 방식은 많은 논란의 여지를 남긴다. 마치 또 다른 구리거울을 통해서 비춰 보는 방식이 될 수 있다. 다행히 우리는 하나님의 형상이 무엇과 같은지, 무엇을 의미하는지를 알 수 있는 길이 있다. 온전한 하나님의 형상이신 예수 그리스도가 계시기 때문이다.

그는 보이지 아니하시는 하나님의 형상이요 모든 창조물보다 먼저 나신 자니(골로새서 1:15)

그중에 이 세상 신이 믿지 아니하는 자들의 마음을 혼미케 하여

그리스도의 영광의 복음의 광채가 비춰지 못하게 함이니 그리스도
는 하나님의 형상이니라(고린도후서 4:4)

이는 하나님의 영광의 광채시요 그 본체의 형상이시라(히브리서 1:3)

그리스도는 참된 하나님의 형상이시다. 히브리서 1장 3절에서 그
본체의 형상이라고 번역된 카락테르 $\chi\alpha\rho\alpha\kappa\tau\acute{\eta}\rho$ 는 주화를 원판에서
찍어 내듯이 주조한다는 의미라고 한다. 그래서 New International
Version 성경에서는 그냥 본체의 형상이라고 하지 않고 본체의
정확한 형상exact representation이라고 하였다. 하나님의 형상이
진정으로 무엇인지를 알기 원한다면 다른 엉뚱한 곳에서 찾을 것
이 아니라, 참된 하나님의 형상, 정확한 하나님의 형상이신 예수
그리스도를 바라보면 된다는 의미이다.

A실장은 자신이 궁극적으로 추구해야 할 영성이 인간의 참모
습인 하나님의 형상을 회복하고 그런 참 형상으로서 살아가는 것
이라고 생각하였다. 참 하나님의 형상으로 살아간다는 것은 결국
참되고 정확한 하나님의 형상이신 그리스도의 삶을 따라 살아가
는 것이 될 것이다. 그렇다면 그리스도의 삶은 어떤 삶이었나? 안
토니 후쿠마Anthony Hoekema[*]는 그리스도의 삶 속에서 하나님을
향하여 열린 삶, 이웃을 향하여 열린 삶 그리고 자연을 다스리시

---

[*] 개혁주의 인간론. 기독교문서선교회. 1990.

는 삶을 발견할 수 있다고 하였다. 우리도 하나님의 형상으로서 참된 삶을 살아간다면 그런 삶을 살아갈 수 있다는 뜻이다. 그런데 왜 인간은 그런 삶을 살아오지 못했는가? 인간의 타락 이후 하나님의 형상이 변질되었기 때문이다.

타락을 통해 인간은 하나님의 형상의 모습을 더 이상 나타내 보일 수 없는 재생 불가능한 마귀가 된 것은 아니다. 인간 그대로 남아 있으나 그의 모든 능력, 재질, 재능 들은 변질되었으며, 이런 능력들의 형태, 본질, 성향, 방향 등이 너무도 크게 바뀌었기에 하나님의 뜻을 행하는 대신에 육체의 법을 만족시킬 뿐이다(헤르만 바빙크*)

인간 타락 이후 하나님의 형상이 변질되었다면, 변질되기 이전 하나님의 형상이 있었다는 이야기이다. 성경의 전체적 관점에서 하나님의 형상을 이해하려면 창조와 타락과 구속이라는 틀 아래서 하나님의 형상을 살펴보아야 한다.

인간이 타락하기 이전에 본래적 하나님의 형상이 있었다. 타락 이전 최초의 인간은 순전함과 순종으로 하나님을 반영했다고 볼 수 있다. 그들은 죄 없는 존재였다. 그러나 완전히 구현된 하나님의 형상을 지닌 완성된 존재는 아니었다. 그들의 무죄함이 결코 상실될 수 없는 그런 상태까지 나아가야만 하는 존재였다. 그렇기 때문에 아직

✱ 개혁 교의학 3. 안토니 후크마: 개혁주의 인간론에서 인용.

죄의 가능성은 존재하는 단계였다. 어거스틴의 말대로 그 당시 인간은 '죄를 짓지 않을 수 있는able not to sin, posse non peccare' 존재였다. 그렇지만 '죄를 지을 수 없는unable to sin, non posse peccare' 상태에 이른 것은 아니었다. 불행히도 아담과 하와는 하나님께 불순종하였고, 하나님의 형상은 변질되었다. 그러나 하나님은 창조주이시고 인간은 그의 피조물이다. 신실하신 창조주 하나님은 그리스도의 십자가 보혈로 인간을 다시 의롭게 하셨다. 그의 주권적 은혜로 인간 속에 있는 하나님의 형상을 회복시켜 새 생명을 주신 것이다.

하나님의 은혜 안에서 지금 우리의 모습은 새롭게 된 하나님의 형상이다. 최초의 하나님의 형상으로서 인간은 본래 창조된 모습 그대로의 본래적 형상The Original Image이었다. 타락한 이후 하나님의 형상으로서 인간은 변질된 형상The Perverted Image이었다. 그리고 지금 우리는 새롭게 된 형상The Renewed Image이다. 우리 모두가 그렇듯이 A실장 역시 새롭게 된 형상이다. 새롭게 된 형상인데 왜 B양과의 관계처럼 부적절한 관계에 빠지게 되는 것인가? 이를 이해하기 위해선 새롭게 된 형상에 대해서 좀 더 세밀하게 살펴보는 것이 필요하다. 우리가 새롭게 되는 것은 우리가 죄가 없기 때문이 아니라 하나님께서 그리스도의 완전한 속죄와 의를 믿는 자들에게 전가시키기 때문이다. 다시 말해서, 우리가 의롭게 되는 것(칭의justification)은 우리가 의로워서가 아니라 하나님이 그리스도를 화목 제물로 세우셔서 그의 보혈로 우리 죄를 씻기시고 하나님과 화해하게 하셨기 때문이다. 하나님은 그리스도를 통해서 우리를 당신의 자녀로 삼으시고 우리의 죄를 우리에게 돌리지 않으신 것이다. 그러나 중생한 사람에게 여전히 '악의 불씨'가 남아 있고 '죄의 흔적'들이 남아 있다. 그래서 칼빈은 하나님의 형상을 회복하는 과정(성화sanctification)이 평생을 통하여 이뤄져야 한다고 지적하였다. 평생을 통하여 칭의와 성화는 마지막 구원의 서정인 영화glorification로 나아가야 한다는 것이다.

한마디로 말해서, 나는 회개를 중생으로 이해하는데 그 유일한 목적은 아담의 범죄로 말미암아 일그러지고 거의 지워져 버린 하나님의 형상을 우리 속에 회복시키는 것이다. …… 주께서는 그가 양자로 삼아 생명을 유업으로 받게 하신 모든 자를 이렇게 온전히 회복시키기를 기뻐하시는 것이다. 사실 이러한 회복은 한 순간에나 하루에 혹은 일 년에 이루어지는 것이 아니다. 하나님께서는 계속적인—그리고 때로는 아주 더디기도 한—과정을 통해서 그의 택한 자들 안에서 육체의 부패성을 제거하시고, 그 죄책을 깨끗케 하시며, 그들을 성전으로 거룩히 구별하시며, 참된 순결에 이끌리는 모든 성향을 회복시켜 가시므로, 하나님의 택한 자들은 평생토록 회개를 실천하여, 또한 모든 싸움이 죽음에 이르러서야 비로소 종결될 것임을 아는 것이다(칼빈*).

---

* 기독교 강요(원광연 옮김) 3.3.9. 크리스천 다이제스트. 2003.

안토니 후쿠마의 표현을 빌리면, 크리스천은 성령의 능력에 힘입어 결정적으로 옛사람을 벗어 버리고 새 사람을 입은 자이다. 그러나 그 새 사람은 여전히 점차적으로 갱신되어 가야 할 존재이다. 성경은 이런 갱신의 과정에서 한 사람이 어떻게 살아가느냐에 따라 그 사람이 얼마나 극과 극의 모습을 보일 수 있는지를 잘 보여 주고 있다.

사무엘하 11장에 나오는 다윗의 이야기가 있다. 다윗이 밧세바의 목욕하는 모습을 보고 성적 욕구를 느끼게 된다. 전장에 나가서 싸우고 있는 우리아의 아내인 것을 알았으나 결국 자신의 욕구에 이끌려 동침을 하게 된다. 밧세바가 임신한 것을 알게 된 다윗은 이를 숨기려고 전장에 있던 우리아를 불러온다. 그를 집으로 보내 아내 밧세바와 동침하게 하여 임신한 아이가 우리아의 아이인 것처럼 만들려는 것이다. 두 번이나 이런 시도를 하였으나 충직한 우리아가 집으로 가지 않아 다윗의 계획은 실패하게 된다. 그러자 다윗은 우리아의 상관인 요압에게 편지를 보낸다. 우리아를 맹렬한 싸움에 앞세워 두고 너희는 뒤로 물러가서 그로 맞아 죽게 하라는 내용이다. 결국 전장에서 우리아는 편지의 내용대로 죽게 된다. 그리고 다윗은 과부가 된 밧세바를 아내로 맞이한다.

사무엘하 11장에 나오는 다윗은 패악하기 짝이 없는 존재이다. 그러나 사무엘상 17장의 다윗은 전혀 다른 모습을 보인다. 그는 그에게 다가오는 블레셋 군대와 골리앗에게 다음과 같이 외친다. "너는 칼과 창과 단창으로 내게 다가오거니와 나는 만군의 여호와의 이름 곧 네가 모욕하는 이스라엘 군대의 하나님의 이름으로

네게 나아가노라 오늘 여호와께서 너를 내 손에 넘기시리니 내가 너를 쳐서 네 목을 베고 블레셋 군대의 시체를 오늘 공중의 새와 땅의 들짐승에게 주어 온 땅으로 이스라엘에 하나님이 계신 줄 알게 하겠고, 또 여호와의 구원하심이 칼과 창에 있지 아니함을 이 무리에게 알게 하리라 전쟁은 여호와께 속한 것인즉 그가 너희를 우리 손에 넘기시리라"(사무엘상 17:45-47) 이런 강건한 믿음으로 골리앗을 무너뜨린 사람이 부하의 아내와 간음을 하고 그 부하를 죽게 만든 패악하기 그지없는 사람과 동일인이라는 것을 어떻게 받아들여야 하나?

인간은 그렇게 연약하고 불안정한 존재이다. 하나님의 형상으로서 비록 새로워진 형상이지만 인간 속의 하나님의 형상은 자족적이고 안정된 본체가 아니다. 오직 하나님 관계 속에서만, 그리스도 안에서만, 성령 안에서만 참된 하나님의 형상이 될 수 있다. 그렇지 못할 때 인간은 다윗처럼 끝없는 추락을 할 수 있다. 기독교인인 A실장이 B양과의 관계에 빠져 버린 것이 그렇게 낯설지 않은 이유이기도 하다. 결국 성령의 능력과 역사하심이 없을 때 인간은 누구나 패악한 다윗과 같은 죄를 지을 수 있다는 것을 A실장은 절실히 느꼈다.

A실장은 깊은 영성을 가지고 올바르게 성화의 과정을 이뤄 가는 삶을 살기를 진심으로 바랐다.
깊은 영성을 위하여 수도생활이라도 할 수 있다면 참 좋겠지만 바쁜 일상을 살아가는 대부분의 일반 사람에겐 거의 불가능한 일이다. 물론 A실장도 마찬가지이다. 깊은 영성 속에서 일상의 삶을 살아갈 수 있는 방법을 모색하던 A실장은 목사님의 축도를 떠올렸다. 매주 예배 후 목사님께서 축도를 해 주시지만 그 축복해 주시는 삶에 대해서 구체적으로 생각해 본 적이 별로 없었다는 것을 알게 되었다. 목사님의 축도는 예배 내용에 따라 조금씩 첨가되는 부분이 있지만 항상 반복되는 기본 틀은 "주 예수 그리스도의 은혜와 하나님의 사랑과 성령의 교통하심이 너희 무리와 함께 있을지어다"라는 고린도후서 13장13절의 말씀이었다. 이것은 많은 목사님이 해 주시는 축도이다. A실장은 예수 그리스도의 은혜와 하나님의 사랑과 성령의 교통하심이 성도들에게 영원히 있으라는 목사님의 선포가 바로 가장 원칙적이면서도 가장 깊은 영적 축복임을 느끼게 되었다. 그리고 예배 후 축도받은 그대로 생활 속에서 살아가기 위한 구체적인 방법들을 생각하였다.

먼저, 가능한 한 우리와 함께 계시는 하나님의 현존을 깊이 의식하려고 노력하였다.

이렇게 하신 것은 사람으로 하여금 하나님을 찾게 하시려는 것입니다. 사람이 하나님을 더듬어 찾기만 하면 만날 수 있을 것입니다. 사실 하나님은 우리 각 사람에게서 멀리 떨어져 계시지 않습니다. 여러분의 시인 가운데 어떤 이들도 '우리도 하나님의 자녀이다' 하고 말한 바와 같이, 우리는 하나님 안에서 살고, 움직이고, 존재하고 있습니다(사도행전 17:27-28. 새번역)

사실 하나님은 우리 가까이 계시며, 우리는 그 분 안에서 살고 움직이고 존재하는데, 이 사실을 항상 의식한다면 우리는 매일매일 살아갈 때보다 하나님 안에서 사는 것에 가까워질 것이다.

하나님 안에서 살아가는 것과 함께 A실장은 그리스도와 연합된 삶에 대해서도 새롭게 다시 생각하게 되었다.

우리가 그리스도 바깥에 있고 그로부터 분리되어 있는 한 그가 인류의 구원을 위하여 친히 당하시고 행하신 모든 것이 우리에게 아무 소용이 없고, 또한 전혀 유익이 되지를 못한다는 점이다. 그리스도께서 우리의 것이 되시고 또한 우리 속에 거하셔야만 비로소 그가 아버지로부터 받은 축복을 우리가 함께 나눌 수 있게 되는 것이다. ……우리가 그와 하나가 되지 않고서는 그가 소유하신 모든 것이 우리와 아무 상관이 없을 수밖에 없다. 그리스도가 소유하시는 그것을 우리가 믿음으로 말미암아 얻게 되는 것은 사실이다(칼빈*).

제씨 펜 루이스**는 갈보리에서 그리스도의 죽음은 죄인들을 위한 대속의 죽음이었고, 갈보리에서 하나님은 원수되었던 죄인들과 화목을 이루었고, 주님은 갈보리에서 죽고 부활하심으로 인류의 구원을 이루셨다고 말하면서, 십자가가 바로 이 세 가지 신앙의 기본적인 진리를 선포하고 있다고 하였다. 그리스도의 이러

＊　기독교 강요(원광연 옮김) 3.1.1. 크리스천 다이제스트. 2003.
＊＊십자가의 도(이현수 옮김) 두란노. 1998.

한 놀라운 은혜가 우리의 것이 되기 위해선 우리가 그리스도 바깥에서 그와 분리되어 있어선 안 될 것이다. 그리스도와 연합을 해야만 그리스도의 은혜가 우리의 것이 된다. 그런데 이러한 그리스도와 연합은 성령의 조명이 없다면 불가능한 일이다.

성령의 이끌림을 받게 되면 우리의 마음과 영이 인간이 이해할 수 있는 범주 이상으로 높이 들려 올림을 받는 것이다. 성령의 조명하심을 받아 영혼이 말하자면 새로운 눈이 생겨서, 예전에는 어둠 가운데서 보지 못했던 하늘의 비밀들을 바라보게 되는 것이다. 그리고 성령의 빛의 비췸을 받아서 드디어 사람이 하나님 나라에 속한 일들을 진정으로 맛보기 시작한다(칼빈[*]).

요약하면, 성령의 감동으로 우리의 내면에 신앙이 비춰지면 우리는 그 믿음으로 그리스도와 신비로운 연합Unio mystica cum Christo을 이루게 된다. 그리고 이 신비로운 연합으로부터 두 개의 은총, 즉 칭의와 성화가 시작된다. 그리고 칭의와 성화는 마지막 구원의 서정인 영화glorification로 나아간다. 반대로 하나님의 성령에 의해 고양되었거나, 정화되었거나, 조명을 받지 못할 때, 다윗의 범죄처럼 극히 악하고 유한하고 찰나적인 차원이 우리의 삶을 지배하게 된다.

....

[*] 기독교 강요(원광연 옮김) 3.2.34. 크리스천 다이제스트. 2003.

A실장은 예배 후 목사님의 축도를, 하나님의 현존을 의식하면서 살아가기, 그리스도와 연합된 삶을 살아가기, 성령의 조명을 받는 삶을 살아가기로 구체화하려고 노력하였다. 무엇보다 A실장이 항상 염두에 두는 것은 그림자 차원에서 참 형상으로 도약한 삶을 살아가기였다. 그래서 가능한 한 내가 하고 싶은 것을 한다/안 한다가 아니라, 예수님이라면 어떻게 사랑했을까를 생각하고 실천하는 생활을 하려고 노력하였다.

마지막으로 그래도 기독교인으로서 우리의 자아상이 긍정적이라는 것이 A실장에게 꽤 위로가 되었다. 기독교인으로서 우리의 자아상은 부정적이 아니라 긍정적이어야 한다. 왜냐하면 우리가 겪는 갈등이 옛사람과 새 사람 사이의 갈등이 아니라, 새 사람과 아직도 새 사람 안에 남아 있는, 내재하는 죄의 잔재 사이의 싸움이기 때문이다. 우리가 갈등하는 존재이긴 하나 분명히 새로워진 새 사람이라는 것 그렇기 때문에 긍정적인 자아상을 가져야 한다는 점이 A실장에겐 꽤 큰 위로와 격려가 되었다.

너희가 서로 거짓말을 하지 말라 옛 사람과 그 행위를 벗어 버리고 새 사람을 입었으니 이는 자기를 창조하신 이의 형상을 따라 지식에까지 새롭게 하심을 입은 자니라(골로새서 3:9-10)

사례 2

증오와 용서에 대하여

K씨

　교회 행사에서 치료자의 강의를 듣고 찾아왔다는 K씨의 표정은 어둡고 무거웠다. 강의의 주제는 자녀의 심리 성장이었다. 치료자의 이야기를 들으면서 마음이 너무 무겁고 고통스러워 견디기가 힘들었다고 말하였다. 치료자는 자녀에 대한 공감을 강조하였는데 자신은 자기도 모르게 아이를 심하게 때리게 된다며 눈물을 보였다.

　다음은 K씨의 이야기를 요약한 것이다.

　"당신, 아이 병신 만들려고 그렇게 때리는 거야!"

　남편이 말리지 않았으면 아마 매질은 계속되었을지 모른다. 주말 집 안의 고요함이 깨어진 건 놀이터에 나갔던 딸아이가 들어오면서부터였다. 아이들이 같이 놀아 주지 않는다며 울고 들어 온 딸을 보는 순간

K씨에게 견딜 수 없는 분노가 치밀어 올라왔다. 주변머리 하나 없이 놀이터에서 어울리지 못하고 혼자 삐죽거렸을 아이를 생각하며 속이 뒤집힌 것이다. K씨도 아파트에서 만나는 사람이라곤 거의 없이 혼자 지내는 처지였기에 외톨이는 자기 혼자면 족하지 내 아이까지 그렇다는 것이 견딜 수 없었다.

아이는 다리를 절뚝거리며 아빠의 등 뒤로 숨었다. 아이의 다리는 이미 시뻘건 회초리 자국으로 얼룩져 있었다. '아이를 절대로 때려선 안 돼.' '우리 아이에겐 절대 손을 대서는 안 돼.' 혼자 있을 때마다 수없이 반복하는 다짐이었지만 K씨는 마치 자신이 아닌 다른 사람이라도 된 것처럼 오늘도 아이에게 회초리를 휘두른 것이다. 이런 일이 자주 반복되다보니 남편도 자연스럽게 K씨에게 등을 돌리게 되었다. 가뜩이나 이웃으로부터 소외된 채 지내는 K씨에겐 하루하루가 견딜 수 없는 고통의 나날이었다.

K씨가 아이를 심하게 때린 다음 날, 아이가 섬뜩한 인형놀이를 하는 것을 보게 되었다.

"내 말 안 들으면 죽여 버릴 거야!"

잔인하게 인형의 목을 비틀며 아이가 내 뱉는 말이었다. 마치 어제 자신을 잔인하게 때렸던 엄마처럼 아이는 인형을 잔인하게 비틀고 있었다. 만 여섯 살밖에 안 된 여자아이의 앙증스러운 손이 인형을 사정없이 쥐어흔들고 있었다. K씨는 심장이 찢어지는 것처럼 극심한 고통을 느꼈다. 내가 아이를 저렇게 만들었다는 극심한 죄책감과 함께 자신의 어린 시절 기억이 동시에 떠올랐기 때문이다.

K씨의 아버지는 3형제 중 둘째로 태어났다. K씨의 할아버지가 별다른 이유 없이 너무 자주 때렸기 때문에 K씨의 아버지는 자신의 아버지(K씨의 할아버지)를 매우 무서워하였다. K씨의 할머니는 남편에게 복종만하고 사는 분이었다. 집안일하랴 남편 대신 농사지으랴 뼈빠지게 일만 하였다. 아이들을 돌 볼 시간조차 없었다. 부모의 관심을 거의 못 받고 자란 K씨의 아버지는 어려서부터 술을 마시기 시작했고 서른 살이 채 되기 전부터 이미 알코올 중독 증상을 나타내기 시작하였다.

항상 술에 취해 있는 아버지의 난폭함은 어린 K에겐 극심한 고통이었다. 맏딸이라는 이유 때문에 어린 K는 특히 폭력과 욕설의 대상이었다. 마당에서 아버지의 인기척만 나면 어린 K는 방의 불을 끄고 자는 척하였다. 그리고 아버지가 안방으로 들어가기까지 숨을 죽이고 있었다. K가 일곱 살이던 어느 여름 날, 술에 만취한 아버지가 방문을 부수고 들어와 누워 있는 어린 K를 사정없이 발길질하고 때린 적이 있었다. 그 뒤부터 어린 K는 아버지만 보면 숟가락질을 하지 못할 정도로 심하게 손을 떠는 증상이 생겼다.

여섯 살 난 어린 딸이 인형의 목을 잔인하게 쥐어 비트는 것을 보며 K씨는 자신이 일곱 살 때 겪었던 그 공포를 다시 느꼈다. 그리고 자신이 딸아이의 마음을 자신의 아버지보다 더 난폭하게 발길질해 왔다는 것을 느끼게 되었다.

K씨가 아이를 난폭하게 매질하는 것이 배움이 짧아서 그런 것

도 아니었다. 화학과를 전공한 K씨는 출산 전까지 전공과 관련된 직장생활도 하였다. 몇 년간의 직장생활이 쉽지는 않았다. 그러나 아이의 출산과 양육은 훨씬 더 힘들었다. 출산 후 적잖은 우울감정에 시달렸고 아이의 양육과정은 그야말로 고통의 나날이었다. 무엇보다 아이를 보면 좋을 때도 있었지만 자신을 힘들게 하는 부담스러운 존재로 느껴지는 순간이 훨씬 많았다. 그럴 때마다 의무감으로라도 잘해 보려고 애를 썼지만 힘겹기는 마찬가지였다. K씨도 자신이 아이에 대해 상반된 감정을 갖고 있다는 것을 알고 있었다. 상반되었다곤 하나, 아이를 보면서 '좋다'라는 마음과 '싫고 짐이 된다'는 강렬한 애증은 거의 항상 부정적인 쪽으로 기울어져 있었다. 그나마 기울어진 균형마저 깨어지는 순간 조절할 수 없는 난폭한 매질이 튀어 나왔다.

사실 K씨는 난폭한 매질의 가해자이면서 동시에 피해자이다. 자기 딸을 가혹하게 매질한 장본인이지만 자신도 어릴 적부터 자신의 아버지로부터 더 잔인하게 매질을 당했던 피해자이다. K씨의 아버지 또한 그의 아버지로부터 난폭하게 매를 맞고 자랐다. 그리고 K씨의 여섯 살밖에 안 된 어린 딸은 고사리 같은 손으로 잔인하게 인형의 목을 비트는 난폭함을 보이고 있다. K씨 할아버지로부터 K씨의 아버지 그리고 K씨와 그녀의 딸에 이르기까지 잔인한 공격성이 대를 이어 내려오고 있는 것을 볼 수 있다. 폭발하듯이 터져 나오는 잔인한 학대가 4대에 걸쳐 반복되고 있는 것이다.

신체적 학대가 주는 영향은 몸의 고통에 국한되지 않는다. 공포와 증오 그리고 절망 등의 극심한 감정이 뒤따르는 것은 물론 한 사람의 정신 전체가 파괴당하는 경험이다. 그렇기 때문에 학대당한 경험이 성장과정에서 충분히 처리되기란 쉽지 않은 일이다. 학대당한 사람들의 심리 내면에는 처리되지 못한 수많은 감정이 억압되어 있을 수밖에 없다. 학대의 피해자는 그런 강렬한 감정들이 언제라도 폭발할 것처럼 부글부글 끓고 있다는 것을 스스로 감지할 수 있다. 그래서 그들은 타인을 만나는 것을 두려워한다. 타인과 관계에서 자신의 조절할 수 없는 공격성이 폭발할까 봐 두려운 것이다. 학대당한 경험 때문에 다른 사람들을 믿기도 힘들지만 믿을 수 없고 조절할 수 없는 자신의 감정 때문에 더더욱 사람 관계를 멀리하게 된다.

　K씨도 마찬가지였다. 아파트 사람들로부터 고립되어 지낼 뿐 아니라 다른 친한 친구도 거의 없는 편이었다. 사실 가장 낯설게 지내는 사람들은 바로 다름 아닌 믿을 수 없는 가족들이었다. K씨의 아버지는 그녀가 대학에 막 입학했을 때 술을 먹은 상태에서 객사하셨다. 평생을 가정 밖에서 술과 함께 떠돌다가 죽을 때도 가정의 울타리 밖에서 돌아가셨다. K씨의 어머니는 막내 여동생과 함께 시골에서 살고 있다. K씨의 어머니도 물론 남편을 잘못 만난 가장 큰 희생자 중의 한 사람이다. 결혼생활 내내 폭력에 시달렸고 알코올 중독자인 남편 대신 가정을 꾸려가야 했다. K씨의 어머니는 그런 짐을 짊어지면서 아이들을 돌볼 수 있을 만큼 강인한 분은 아니었다. 오히려 아이들을 짐스러워하였다. 사사건건 아이들을 비난하였고, 무서운 남편에겐 한마디 말도 못하면서 자기 팔자를 자식들 탓으로 돌렸다. 특히 K씨에겐 맏딸로서 어머니를

제대로 도와주지 않는다며 심하게 구박을 하였다. 이 때문에 K씨가 지금도 웬만하면 어머니와 만나지 않으려고 하는 이유이다.

하나뿐인 바로 밑 남동생은 중학교 때 집을 나가서 지금까지 연락이 두절된 상태이다. 아버지 못지않게 난폭했던 남동생이었다. 밑에 두 여동생은 말할 것도 없고 누나인 K씨와 어머니에게도 폭력을 휘두르는 것이 예사였다. 그래서 그런지 가족 중 아무도 그를 찾으려하지 않았다.

큰 여동생은 난폭하거나 공격성을 보이진 않지만 가족들과 거의 왕래를 끊고 지내는 직장 여성이다. 아직 미혼으로 결혼할 생각이 없다고 한다. 아마도 자라면서 가족관계에 질린 사람처럼 보인다. K씨와도 거의 연락이 두절된 상태이다.

시골에서 어머니와 함께 지내는 막내 여동생은, K씨의 이야기를 들어보면, 우울증으로 추정되는 상태인 것 같다. 대부분의 시간을 누워서 지내고 매사에 흥미를 보이지 않고 지낸 지가 꽤 되었다고 한다. 같이 생활하는 어머니는 물론 자매 중 어느 누구도 병원 진료를 권하지 않고 있다. 그동안 폭력과 가족 간의 싸움으로 항상 소란스러웠던 것만 경험해 왔기 때문인지 가족 중 어느 누구도 막내여동생의 우울한 상태를 문제 삼지 않는 것으로 보였다. 오히려 드러나게 말썽피우지 않는 것을 다행스럽게 여기는 모습이었다.

K씨의 가족 중 적어도 겉으로 보기에 보통사람의 모습으로 살아가는 사람은 K씨가 유일하다. 대학을 나오고 직장생활을 하고 결혼해서 아이 낳고 사는 겉모습은 분명 평범한 보통사람의 모습

이다. 물론 그 내면에는 말할 수 없는 고통과 짓눌리고 뒤틀어진 감정이 도사리고 있지만 그래도 이만큼 생활할 수 있었던 데에는 그녀 자신의 지적인 능력과 남편의 힘이 컸다.

어린 K는 공부를 잘하였다. 작은 지방 학교이긴 했지만 K의 성적은 항상 상위권이었다. 어린 K에게 학교는 지옥 같은 집을 떠나서 지낼 수 있는 곳이라 좋았다. 그렇다고 마냥 좋은 것만은 아니었다. 선생님들은 아버지나 어머니처럼 단지 어른이라는 이유만으로 불안하고 두려운 대상이었다. 친구들과도 잘 어울리는 편은 아니었다. 그러나 공부를 잘하고 이런 점을 칭찬받으면서 어린 K는 세상에 태어나서 처음으로 자신에 대한 긍정적인 마음을 느낄 수 있었다. 중학교 때 짝은 그런 면에서 특히 K에게 도움이 되었다. 아버지가 일찍 돌아가셔서 어머니는 농사를 짓고 가난하게 사는 것은 K와 비슷한 처지였으나 짝은 비교적 안정된 심리상태를 보였다. 짝의 어머니는 K의 어머니와 달리 상당히 따뜻하고 안정된 분이었기 때문인 것으로 보인다. 그렇다고 K가 친구에게 자신의 속 깊은 가정 이야기를 한 것은 아니었다. K는 짝으로부터 처음으로 거절당하지 않는 느낌을 받았기 때문에 행여 자신을 안 좋게 볼까 봐 안 좋은 가정 이야기를 할 수 없었다. 지금은 짝이 중국에 거주하고 있기 때문에 거의 만나질 못하지만 그래도 K씨의 유일한 친구라고 볼 수 있다.

K씨의 삶에서 심리적으로 가장 큰 도움을 준 사람은 남편이다. 지방대학을 졸업하고 그 지역에서 직장생활을 시작한 K씨가 개인적으로 처음으로 알게 된 남자가 남편이었다. 항상 타인에 대해

긴장하고 자신의 평가에 대해 불안해하는 K씨에게 직장생활은 불안한 긴장의 연속이었다. 힘든 직장생활을 그만두고 싶었지만 당시 아버지는 돌아가시고 어머니가 조그만 밭농사를 짓는 상태였기 때문에 K씨가 직장을 그만둘 형편도 못 되었다. K씨 자신의 생활을 위해서도 사실 직장생활은 어쩔 수 없었다. 남편은 거래처에 다니는 사람이었다. 직장 일로 자주 접하게 되면서 자연스럽게 가까워지게 되었다. 남편의 가정은 평범한 가정이었다. 외아들이었지만 부모님이 과잉보호를 하거나 크게 관심을 보이지 않았다. 그렇다고 무관심한 것도 아니었다. 두 분 모두 직장에 다녀서 그렇기도 했지만 두 분의 성품이 그렇게 차분하였다. 형제가 없어서 혼자 지내는 것이 외롭기는 하였지만 남편은 그런대로 별 문제없이 조용한 성격을 가진 평범한 사람으로 성장하였다.

결혼 전 남편은 위축되어 지내는 K씨의 겉모습만 보고 차분한 여자라고 생각하였다. 그런 점에서 익숙하다는 느낌을 받았고 자신과 잘 맞는다고 느꼈다. 반면 K씨에게 남편은 무척 성실한 사람이었다. 차분하면서도 책임감 있게 일하는 남편의 모습은 가정을 팽개치고 술에 빠져 지내는 자신의 아버지와 정반대되는 모습이었다. 그리고 격렬한 매질과 고함소리에 치가 떨리는 K씨에게 남편의 차분하고 안정된 모습은 마치 안식처 같은 느낌이었다. 지금도 K씨는 남편의 그런 차분함을 좋아하고 남편에게 의지하고 싶어 한다. 그러나 반복되는 아이에 대한 K씨의 매질과 사나움에 질린 남편은 사실 K씨에게서 마음이 상당히 떠난 상태이다.

K씨의 성장과정에서 빼 놓을 수 없는 것이 중학교 시절부터 시

작된 신앙생활이다. 초등학교 시절 어린 K의 생활은 단순했다. 집과 학교 그리고 가끔 나갈 수 있는 동네 놀이터가 생활 반경의 전부였다. 물론 집은 지옥이었고 학교는 또 다시 지옥으로 들어가기 전 잠시 나와 있는 불안한 피신처였다. 집에서 꽤 멀리 떨어진 중학교를 다니게 되고, 친한 짝이 생기면서 지금까지 자신이 살아온 환경이 다른 사람들과 사뭇 다르다는 것을 알게 되었다. 그전까지는 다른 아이들도 다 그렇게 사느니 생각했었던 것이다. 사춘기 심리가 더해지며 부모에게 무조건 당하는 것에서 벗어나 조금씩 도망 다니기 시작하였다. 부모에게 대 놓고 저항할 정도는 아니었지만 어느 정도 피해 다니는 것만으로도 한결 고통은 덜 했다. 아버지가 신체적으로 쇠약해져 심한 구타가 줄어든 것도 다행스런 부분이었다.

학교가 끝나고 집으로 곧장 들어가지 않는다고 해서 딱히 갈 곳이 있는 것도 아니었다. 가끔 들르는 친구네 집과 그 친구가 다니는 교회 정도였다. 막연한 호기심이 없었던 것은 아니었지만 처음 가 보는 교회는 오히려 불안한 긴장감을 불러일으키는 곳이었다. 몇 명 안 되는 숫자였지만 잘 알지 못하는 중·고등부 아이들을 만나는 것이 K를 긴장하게 만들었다. 그들이 자신을 좋게 볼 것 같지 않다는 생각 때문이었다. 자신을 나쁘게 볼 것이라는 생각은 또래 친구들에게 국한되지 않았다. 교회 어른들도 자신을 나쁜 아이로 보지 않나 불안해하였다. 그래도 교회가 좋았던 것은 젊은 전도사님 때문이었다. 훤칠한 키에 소년처럼 맑은 얼굴을 한 전도사님은 세상에서 처음 만나보는 낯선 사람이었다. 낯설다는 것이

달리 낯선 것이 아니라 남자 어른인데도 자신을 야단치지 않고 따뜻하게 대해 준다는 점에서 참 낯선 사람이었다. 동갑내기 부인과 유치원 다니는 딸을 사랑스럽게 대하는 전도사님은 K에게 낯선 것을 넘어서 거의 신기한 사람이었다.

교회를 다닌다고 하여 중·고등학교 시절 K에게 확실한 믿음이나 신앙이 있었던 것은 아니었다. 사실 K에게 하나님은 가까이 가고 싶은 대상이라기보다 오히려 멀리 피하고 싶은 두려운 대상이었다. 하나님 말씀대로 안 하면 벌 받을 것 같고 조금만 잘못해도 크게 혼 날 것 같았다. 교회에서 사랑의 하나님이라는 표현을 할 때마다 K 자신은 그렇게 느끼지 못한다는 생각 때문에 괴로워하였다. 그렇지만 성탄절이나 부활절 행사 때 이유도 모르게 공연히 눈물이 나기도 하고, 평소와는 다른 낯선 마음이 느껴지기도 했다. 꼬집어 뭐라고 말할 수 없는 막연하면서도 내면으로부터 느껴지는 은밀한 종교적 경험이었다. 아마 K씨가 지금까지 신앙생활을 유지할 수 있었던 것도 확고한 지식적 신앙이 있어서라기보다는 중·고등학교 시절부터 지속된 이런 막연한 종교적 느낌 때문인 것으로 보였다.

정신치료자와 만남의 의미

　정신치료자와 만남은 만나는 처음 순간부터 치료적인 의미를 갖는다는 것은 잘 알려진 사실이다. K씨와 같이 심한 학대를 경험한 내담자인 경우에는 더욱 그러하다. K씨에게 치료자와 첫 만남은 매우 낯선 경험이었다. K씨를 낯설게 만든 것은 다름 아닌 치료자의 관심을 받는다는 느낌이었다. K씨의 부모님은 아예 K씨가 무슨 생각을 하는지, 무엇을 느끼는지에 대해 관심이 없었다. 단지 자기들 마음 내키는 대로 때리고 욕하고 잔인한 폭력을 휘둘렀을 뿐이다. 반면에 치료자는 K씨가 어떤 말을 하고, 어떤 표현을 쓰든지 간에 거기에 대해 판단하지 않고 자신을 공감하고 이해하려고 노력하는 것이 느껴졌다.

　공감의 개념을 치료자의 입장에서 가장 잘 표현한 것 중의 하나가 코헛Kohut의 설명이다. 코헛에 의하면, 공감은 직접 관찰할 수 없는 환자의 감정과 생각을 치료자가 경험할 수 있게 만들어 주는 매우 중요한 경험 양식이다. 이런 경험이 가능한 것은 타인을 자기의 연장으로 경험하기 때문이다. 그렇기 때문에 타인의 내적 경험을 자기 자신의 내적 경험처럼 동일하게 인식하게 된다. 그래서 코헛은 공감을 대리 내성vicarious introspection이라고도 불렀다. 보다 임상적으로 말해서 공감을 '다른 사람의 내적 삶을 같이 경험(혹은 경험하려고 시도)하면서 동시에 객관적인 관찰자의 자세를 잃지 않는 것'이라고 정의하였다.*

자기가 경험한 고통스러운 경험을 누군가가 같이 경험하려고 노력한다는 것은 K씨에겐 참 익숙하지 않은 경험이었다. 평가받거나 판단받는 것이 아니라 이런 이해받는다는 느낌이 없었다면 아마 고통스럽고 수치스러운 자신의 이야기를 하는 것이 쉽지 않았을 것이다. 심한 학대를 당한 사람들은 그것을 떠올리는 것이 고통스러워서라도 이야기하는 것을 꺼리게 된다. 그러나 학대를 당한 사람에게 필요한 것이야말로 먼저 자신에게 일어났던 일들을 누군가에게 충분히 표현하는 것이다.

자신이 당한 학대에 대해 말로 표현한다는 것은 여러 가지 치료적 의미를 갖는다. 먼저 자신에게 있었던 학대에 대해 충분히 말로 표현한다는 것은 그와 연관된 여러 심리를 비로소 다루기 시작한다는 것을 의미한다. 얼마나 많은 수치스럽고 고통스러운, 그래서 억압되고 처리되지 못한 감정과 생각이 마음에 쌓여 있겠는가? 지금

---

* 최영민, 쉽게 쓴 자기심리학. 학지사. 2011. p. 146 이하 참조.

까지는 그런 것들을 다루고 처리하기보단 피하고 감추려고 하였을 뿐이다. 보다 정확히 말하면 처리할 힘이 없었기에 그럴 생각조차 할 수 없었다. 그러나 표현하지 않는 것을 어떻게 다루고 처리할 수 있겠는가? 그런 점에서 치료자에게 말로 표현하기 시작했다는 것은 꼭 막혔던 마음의 통로를 열기 시작했다는 중요한 의미가 있다.

비슷한 맥락이지만, 수치스럽고 고통스러운 내면의 이야기를 표현하기 시작했다는 것은 처음으로 누군가와 자신의 마음을 안전하게 열수 있는 관계를 나누기 시작했다는 것을 의미한다. 중학교 때 짝과의 관계는 그냥 거부당하지 않는 것만으로 족했다. 그렇기 때문에 행여 거부당할 위험이 있는 수치스러운 가족 이야기는 차마 말할 수가 없었다. 따뜻한 교회 전도사님은 멀리 떨어져서 바라보는 소설 속 주인공과 같은 존재였다. 분명 심리적인 면에서 어린 K에게 도움을 주었지만 사실 관계라고 할 만한 것도 없었다. 남편은 정말 기대고 싶은 현실 속 인물이었다. 가까이 하고 싶은 마음에 자신의 과거 이야기를 넌지시 꺼내기도 하였다. 현재 친정 식구들과의 냉랭하고 소원한 관계를 설명하기 위해서라도 말하지 않을 수 없었지만 행여 자신과 자신의 가족을 너무 이상하게 볼까 봐 정말 수치스럽고 고통스러운 이야기들은 차마 하지 못했다.

처음에 남편은 K씨의 말을 대수롭지 않게 받아들였다. 아마 진짜 속 깊은 이야기를 듣지 못했기 때문에 심각하게 받아들일 여지가 없었을지도 모른다. 오히려 결혼 후 양육과정에서 어린 딸에게 보이는 K씨의 심한 폭력성을 보면서 K씨의 성장과정을 다시 생각하게 되었다. 그리고 좋아지기는커녕 점점 더 나빠지는 충동적이고 난폭한 K씨의 공격성을 보면서 남편의 마음도 점점 더 차갑게 식을 수밖에 없었다.

이런 상황에 있는 K씨의 입장에서 볼 때, 관심을 갖고 자신을 이해하려고 노력하는 치료자는 매우 낯설지만 동시에 얼마나 소망했던 대상이었는가? 아마 남편이 그래 주기를 바랐을 것이다. 언감생심 꿈도 꿀 수 없었겠지만 어린 시절 부모님이 그랬기를 바랐을 것이다. 이 부분이 정신치료에서 매우 중요한 의미를 갖는다. K씨는 공감하며 들어주는 치료자에게 자신의 수치스러운 이야기를 털어놓는 새로운 체험을 하고 있다. 지금까지 해 보지 못한 새로운 관계 체험을 하고 있는 것이다. 이것은 이해받고 관심을 받는 따뜻한 경험이다. 지금까지 경험했던 학대당하고 정서적으로 버림받았던 것과 반대되는 경험이다. 지금까지 학대와 정서적 버림받음의 경험이 K씨의 마음을 난폭하고 황폐하게 만들었다면, 이제 치료자와의 공감받는 관계 경험이 현재의 상처 입은 마음을 치유하는 좋은 출발점이 될 것이다. 그런 점에서 치료자와의 만남은 처음 순간부터 치료적으로 의미가 있는 것이다. 그러나 문제는 치료자와 관계를 그렇게 마냥 좋게만 바라볼 수 없는 아주 복합적인 측면이 K씨의 심리에 있다는 점이다.

K씨에게 치료자는 과연 어떤 존재일까? K씨는 치료자의 강의를 듣고 정신치료를 받고 싶다며 찾아왔다. 치료자를 자신의 심리적 고통과 문제를 해결해 줄 수 있는 전문가로 본 것이다. K씨는 치료자와 면담을 시작하면서 매우 낯선 경험을 하게 된다. 즉, 치료자는 권위를 가진 전문가인데도 자신을 함부로 대하지 않고 오

히려 관심을 갖고 자신을 이해하려는 치료자의 태도를 접하게 된다. 단지 부모라는 위치만으로 잔인하게 횡포를 부렸던 자신의 아버지와는 너무나 다른 모습이다. 아버지에게 학대당하고 어머니에게 버림받는 느낌을 받을 때 어린 K가 할 수 있는 일이라곤 환상의 세계로 숨어드는 것밖에 달리 뾰족한 길이 없었다. 어린 K로선 도무지 현실에서는 어떻게 할 도리가 없었기 때문이다. 환상 속에서 어린 K는 자신을 사랑해 주고 품어 주는 이상적인 부모의 위로를 받을 수 있었다. 조금 더 환상의 나래를 펼칠 땐 이상적인 부모의 적극적이고 따뜻한 사랑을 받을 수도 있었다. 그렇게 환상의 세계에서나 만날 수 있었던 이상적인 부모가 지금 현실 속의 치료자로서 K씨 앞에 서 있는 느낌인 것이다.

K씨는 소망하던 부모에게 의존하듯이 치료자에게 의존하고 싶었지만 그럴수록 그녀의 무의식은 요동을 쳤다. K씨에게 가장 익숙한 대상관계는 학대하고-학대당하는 관계이다. 혹은 비난하고 거절하고-비난받고 거절당하는 관계이다. K씨는 자신이 치료자에게 의존하면 의존할수록 지금까지 부모가 그랬듯이 치료자도 그런 K씨를 비난하고 거절할지 모른다는 무의식적인 불안과 두려움이 솟아올랐다. 어떤 때 치료자는 이상적인 부모로서 따뜻한 관심을 보여 주지만 자신이 원하는 만큼 충분히 사랑에 주지 않는 야속한 부모처럼 느껴지기도 하였다. K씨 자신의 분노나 증오가 무의식적으로 치료자에게 투사될 땐 치료자가 마치 자신을 증오하고 공격하는 존재처럼 느껴지기도 하였다. 치료자에 대한 이런 복합적인 K씨의 심리는 실제 정신치료 상황에서 다양하면서도

복잡한 전이와 전이 저항의 양상으로 나타났다. 이런 전이와 전이 저항은 많은 경우 치료자에게 매우 자극적이기 때문에 상당한 역전이 반응을 불러일으키게 된다.

가바드Gabbard[*]가 지적하였듯이, 현재 다른 관점을 가진 다양한 분석학파가 존재하지만, 역전이가 내담자를 이해하는 데 유용하다는 것에는 모두 이의가 없다. 단순히 유용할 뿐 아니라 정신치료 상황에서 분석가가 내담자에게 나타내는 다양한 역전이 반응은 가장 중요한 분석 도구 중의 하나이다. 분석가의 역전이가 내담자의 무의식을 탐색하는 중요한 도구라고 보는 것이다. 그리고 내담자가 분석가를 끊임없이 전이 대상으로 만들려고 시도하기 때문에 역전이는 피할 수 없는 부분이라는 점에 대해서도 광범위하게 동의하고 있다. 뿐만 아니라 분석가의 역전이 반응이 분석가와 내담자가 함께 생성하기 때문에 분석가의 경험이 내담자의 내면세계를 반영한다는 점에 대해서도 일치된 의견을 보이고 있다. 그러므로 분석가는 내담자와 함께 협력하여 전이-역전이 양상에 대하여 같이 작업해 나아가며, 현재 치료가 어떻게 진행되고 있는지를 이해해야 한다. 결국 대상관계정신치료가 일반적으로 그러하듯이 K씨의 내적 대상관계를 이해하는 것이 치료의 초점이 된다. 왜냐하면 치료자에 대한 K씨의 전이와 전이저항은 그녀의 내적대상관계를 반영하는 것이고, 역전이는 그에 대한 반응이기 때문이다.

---

[*] Gabbard G: Countertransference: The emerging common ground. Int J Psychoanal 1995;76:475-485.

학대가 K씨의 내적대상관계에
미친 영향

내적대상관계는 성장과정에서 부모와 함께한 경험이 내재화되어 형성된 것이다. K씨의 경우와 같이 심한 학대와 방치를 경험한 사람들의 내적대상관계는 어떤 모습을 하고 있을까? 이를 보다 잘 이해하기 위해서 K씨와 정반대인 경우, 즉 적절한 양육을 받은 경우를 먼저 살펴보는 것이 도움이 될 것이다. 아이가 건강하게 성장할 수 있도록 도와주는 적절한 양육은 어떤 것인가?

위니컷Winnicott*은 적절한 양육은 유아 자신의 방식과 속도에 맞춰야 한다는 것을 강조하였다. 즉, 어머니의 욕구에 따라 어머니 방식으로 키워선 안 되고, 유아의 자발적인 욕구에 맞춰 어머

∗ 최영민, 대상관계이론을 중심으로 쉽게 쓴 정신분석이론. 서울, 학지사. 2010.

니가 적절한 돌봄을 제공해야 한다는 것이다. 이렇게 아이의 몸짓과 욕구에 맞춰 적절하게 반응해 주는 것을 거울반응mirroring이라 하고, 그렇게 아이의 몸짓과 욕구의 대상이 되어 주는 어머니의 역할을 '대상(으로서) 어머니object mother'라고 한다.

위니컷은 유아에게는 서로 상반되게 보이는 두 환경이 필요하다고 생각하였다. 어머니에게 거울반응을 받는 흥분된 상태와 함께, 자극 없이 홀로 있을 수 있는 고요한 상태를 또한 필요로 한다. 이때 유아로서 홀로 있다는 것은 아무도 없이 혼자 있음을 뜻하는 것이 아니라, 어머니가 있는 가운데 홀로 있음을 의미한다. 다시 말해서 '함께 있으며 홀로 있다.'는 역설적인 표현이 된다. 어머니와 함께 있으면서 유아가 홀로 있는 경험을 한다는 것의 핵심은 어머니가 아이를 침범하지 않고 유아가 편안하게 자기에게 몰입할 수 있게 해 준다는 뜻이다. 요구하지 않고 유아와 함께하는 것이라고 말 할 수 있다. 이렇게 유아가 고요히 있는 시기에 어머니가 유아를 침범하거나 요구하지 않고 하나의 환경으로만 있어 주는 어머니를 '환경(으로서) 어머니environmental mother'라고 한다.

정리하면, 유아에겐 흥분된 시기excited phase와 고요한 시기 quiet phase가 있다. 흥분된 시기에 어머니는 유아의 몸짓과 욕구에 맞춰 거울반응을 해 주어야 한다. 즉, 유아의 몸짓과 욕구의 대상이 돼 주어야 한다. 그런 뜻에서 대상(으로서) 어머니 역할에 충실해야 한다. 반면 유아가 고요한 시기에는 어머니가 유아를 침범하거나 요구하지 않는 하나의 환경으로만 있어야 한다. 즉, 환경(으로서) 어머니 역할에 충실해야 한다. 다시 한 번 일상적인 용어로 표현하면, 아이가 찾을 때 곁에 있어 주고, 찾지 않을 땐 가만히 내버려 둘 수 있는(조용히 함께하는) 어머니가 참 좋은 어머니인 셈이다. 물론 이때도 무관심하게 내버려 둔다는 뜻이 아니라, 어머니의 관심 속에서 유아가 홀로 있을 수 있도록 혹은 자신이 하고 싶은 일을 스스로 할 수 있도록 해 준다는 뜻이다. 이렇게 대상 어머니와 환경 어머니 역할을 해 주는 것을 '안아주기환경holding environment'을 제공해 준다고 한다. 그리고 이렇게 안아주기환경을 제공해 주는 어머니를 '참 좋은 어머니good enough mother'라고 한다.

안아주기환경을 제공해 주는 참 좋은 어머니 개념은 K씨의 부모가 얼마나 어린 K를 부적절하게 양육했는가를 극명하게 보여 준다. 어린 K의 자발적인 몸짓이나 욕구는 전혀 안중에 없었다. 그러기엔 부모 자신들의 상처가 너무 커서 자신들의 상처를 처리하기에도 힘이 부쳤다. 결국 그들 자신의 상처와 그로부터 배어 나온 분노와 증오 등을 전혀 여과 없이 어린 K에게 쏟아부었다. 그 결과 어린 K는 아버지의 극심한 학대와 어머니의 방치와 비난 그리고 거절이라는 감당하기 어려운 심리적 상처psychological trauma를 떠안을 수밖에 없었다. 이러한 경험들은 어린 K의 심리(내적대상관계)에 어떤 영향을 미칠까?

설리반Sullivan*은 K씨의 부모처럼 부모가 불안정하고 심한 불안을 야기할 때 아이는 그런 불안에 물들게 되고 붙들리게 된다고

✱ Fine R, A History of Psychoanalysis. New York, Columbia University Press, 1979.

설명하였다. 아버지가 소리를 지르면서 어머니를 구타하고, 어머니는 비명을 지르면서 도망 다닐 때, 어린 아이는 이런 상황이 뭘 의미하는지를 인식하기 이전에 그냥 불안해진다는 뜻이다. 어린 K가 받는 영향은 불안에 그치지 않는다. 아직 인지 능력이 충분히 발달하지 못한 아이는 주변에서 벌어지는 일을 객관적으로 이해하지 못한다. 대신 매우 주관적으로, 즉 자기중심적으로 이해한다. 그래서 부모가 싸우는 것이 자기 때문이라고 생각한다. 어린 K로선 전혀 느낄 필요가 없는 엉뚱한 죄책감을 갖게 되는 것이다. 동시에 자신을 나쁜 아이로 생각하게 된다. 뿐만 아니라 아버지에게 구타당하는 어머니를 보호해 주지 못하는 것에 대한 무력감과 죄책감을 느끼게 된다. 이중 삼중으로 자기 자신이 못된 아이, 나쁜 아이가 되는 것이다. 부모를 싸우게 만드는 나쁜 아이의 느낌은 성장하면서 뭔가 주변에 안 좋은 영향을 미치는 '안 좋은 나'라는 자기표상self representation으로 확대된다.

부정적인 자기표상은 아버지의 직접적인 학대에 의해 더욱 심화된다. 까닭 없이 당하는 구타와 이해할 수 없는 욕설과 비난에 대해 대응하거나 처리할 수 있는 힘이 어린 K에겐 없다. 반복되는 학대는 어린 K로 하여금 자기 자신이 그냥 그런 존재인가 보라고 느끼게 만든다. 이유 없이 맞아 마땅한 나쁜 아이, 뭔가 맞을 만큼 못된 아이, 아버지가 싫어하는 형편없는 아이 등의 극히 부정적인 자기표상이 형성된다. 여기에 덧붙여, 아버지의 구타에 대해 속수무책으로 당하는 경험이 반복되면서 극도의 무력감을 느끼게 된다. 자기 자신과 주변 환경에 대해 아무런 영향을 미칠 수 없다는 심한 무력감과 아무런 희망도 가질 수 없다는 절망감에 빠지게 된다. 이런 무력감과 절망감은 지금까지 K씨가 자신의 상처를 속절없이 껴안듯이 살아온 이유이기도 하다.

아버지의 욕설과 육체적 정신적 학대가 K씨의 마음을 파괴해왔다면 어머니의 방치와 비난 그리고 거절은 K씨의 건강한 심리가 형성되는 것 자체를 막아왔다고 볼 수 있다. 좋은 음식이 건강한 육체의 성장에 필요하듯이 좋은 양육이 있어야 건강한 심리 성장이 가능하다. 그런 점에서 K씨는 좋은 양질의 심리적 양식은 거의 먹어 보지 못하고 성장한 셈이다. 당연히 매우 부실하고 취약한 심리를 가질 수밖에 없었다.

학대의 경험은 부정적인 자기표상과 함께 당연히 부정적인 대상표상을 형성한다. 어른들의 대인관계는 비교적 넓다. 그러나 어린 아이들에겐 부모와 형제 그리고 몇몇 친척이 대인관계의 전부를 이룬다. 어리면 어릴수록 부모가 그들이 만나는 세상 사람들 전부이다. 아버지는 아이가 만나는 첫 남자이다. 어머니는 아이가 만나는 첫 여자이기도 하지만 그 이전에 첫 세상 사람이다.

아이는 부모를 접하면서 '아 사람들은 이렇구나' 하고 세상 사람들에 대한 이해를 시작하게 된다. 구타하고 방치하고 비난하는 부모 표상을 경험하며 어린 K가 갖게 된 세상 사람들에 대한 이미지는 어떤 것이었을까? 어린 K는 무엇보다 세상 사람들은 자신에게 우호적이지 않다고 느꼈다. 적대적일뿐 아니라 자신을 적극적으로 공격하고 고통을 주는 두려운 존재라고 느꼈다. 옆에 있으면 있을수록 고통과 상처만 받게 되는 존재, 그렇기 때문에 세상 사람들하곤 관계를 차단하는 것이 차라리 상책이라고 느꼈다. K로선 가장 이해할 수 없고, 믿을 수 없는 사람이 바로 부모였다. 세상 사람들 역시 믿을 수 없는 불안한 존재였다.

학대의 경험은 부정적인 자기표상과 대상표상을 형성할 뿐 아니라, 이 세상을 바라보는 시선에도 영향을 준다. 어린 K는 이 세상 어떤 곳에서도 안전하다는 것을 느낄 수 없었다. 처음 K를 불안하게 만든 곳은 가정이었지만 점차 모든 곳이 다 불안한 곳이 되었다. 집에서 부모를 경험하던 방식이 내재화되어 다른 외부 세계를 경험하는 방식으로 작동하기 때문이다. 그래서 동네 어른들도 점점 자신의 부모처럼 자신을 싫어할 것 같고, 학교 선생님도 자신을 안 좋게 볼 것이라고 저절로 느끼게 된다. 마치 세상 사람들 모두가 자신을 언제라도 공격할 것 같은 잠재적 가해자로 와 닿게 된다. 너무나 불안하고 안전하지 못한 곳이 이 세상인 것이다.

학대는 삶 자체를 바라보는 데에도 근본적인 영향을 끼치게 된다. 매우 안 좋은 자기표상과 극히 부정적인 대상표상 그리고 믿을 만한 곳이라곤 눈곱만큼도 없는, 이런 불안하기 짝이 없는 세상에서 사는 인생을 어떻게 긍정적으로 바라볼 수 있을까? 좋은 것이라곤 하나도 없는 인생이고, 살고 싶지 않은 인생이다. 학대의 경험은 이렇게 자기표상과 대상표상 그리고 세상과 인생을 바라보는 시선에 극히 부정적인 영향을 미쳐 피해자의 내적 심리세계를 광범위하게 파괴한다.

실제 정신치료과정

K씨는 치료 초기부터 강한 전이반응을 보였다. K씨는 치료자가 강의하는 모습을 보고 정신치료를 받고 싶다는 마음을 갖게 되었다. 치료자는 전문가로서 권위 있는 모습을 가지고 있었지만 동시에 따뜻한 모습도 보여 주었다. 힘을 가지고 있지만 그 힘을 자기 마음 대로 휘두르지 않고 남을 도와주는 데 쓰고 있다는 것을 느낄 수 있었다. 자신이 가진 힘을 폭력적으로 휘두르는 자신의 아버지와는 전혀 상반된 모습이었다. 치료자의 강의를 들으면서 K씨는 자신의 무의식 깊숙한 곳에 묻혀 있던 어떤 감정이 건드려졌다. 얼핏 보면 K씨의 마음은 불안과 두려움, 분노와 증오 그리고 무력감과 절망감으로 가득 차 있다. 그러나 자세히 들여다보면 이런 모든 심리의 가장 밑바닥에 또 다른 K씨의 모습이 자리 잡고 있는 것을 발견하게 된다.

그동안 부모에게 사랑과 관심을 구하면 구할수록 깊은 고통과 좌절만 경험하였다. 그래서 너무나 아픈 상처와 좌절을 더 이상 경험하지 않으려면 사랑받고 싶고 관심받고 싶다는 욕망을 억압하고 부정해야만 했다. K씨가 사랑받고 관심받고 싶다는 욕망을 억압하고 부정한 것은 자신을 지키려는 방어였던 것이다. 그렇게 필사적으로 방어해 왔던 자신의 모습, 즉 사랑과 관심에 굶주린 채 웅크리고 있는 어린아이의 모습을 K씨의 심리 가장 깊은 곳에서 발견할 수 있었다. 치료자를 보면서 바로 이 사랑받고 싶고 관심받고 싶다는 욕망이 툭 건드려진 것이다. 이런 강렬한 무의식적인 욕망이 없었다면 항상 타인을 경계하고 두려워하는 K씨가 정신치료를 하겠다고 쉽게 치료자를 찾아오진 못했을 것이다.

초기 면담과정에서 치료자의 공감을 받으며 K씨의 전이감정은 더욱 활성화되었다. 누군가 따뜻하게 자신의 말을 들어주고, 그 마음까지 헤아려 주는 대상, 환상 속에서나 꿈꾸던 이상적인 아버지상이 치료자에게 덧입혀졌다. 그러나 이런 전이감정은 오래 지속되지 못했다. 따뜻하게 공감해 주는 치료자는 간절히 소망했던 이상적인 대상이면서 동시에 너무나 낯설고, 그래서 불편한 대상이었다. 프로이트 이론에서 무의식은 논리나 합리성이 무시되는 일차과정사고를 따른다. 비슷한 맥락으로, 대상관계이론은 어려서부터 익숙한 내적대상관계를 무의식적으로 반복하려한다고 생각한다. 이런 반복하려는 경향은 거의 중독에 가깝다고 할 만큼 강렬하여 논리적으로 설명할 수 없다. 이 말은 치료자와의 관계에서도 학대하고-학대당하는 관계를 반복하려는 심리가 비합리적으로 지배하게 된다는 의미이다. 물론 치료자가 실제 K씨의 아버지와 너무나 다르기 때문에 학대하고-학대당하는 수준까진 아니고 비난하고-비난받는 수준의 관계를 반복하려고 한다.

　실제 정신치료가 6~7회 진행된 시점부터 표현이 현저하게 줄어들기 시작하더니 8회기에는 치료 시간에 나타나지 않고 전화를 하였다. 별 다른 이유 없이 치료를 그만두겠다는 일방적인 통보였다. 서로 정한 정신치료 약속을 깨뜨림으로써 또 다시 욕먹어 마땅한 자기표상을 반복하려는 것이다. 초기 예비면담 시간부터 예상하고 있던 일이었지만 예상보다 조금 더 일찍 찾아왔다는 느낌이었다. 다행스럽게 다음 시간에 만나서 치료 종결에 대해 의논하자는 치료자의 제의에 K씨도 쉽게 동의하였다. 사실 익숙한 내적 대상관계를 반복하려는 심리가 성장과정에서 습득된 본성 같은 것이라면, 깊이 묻혀 있는 사랑받고 관심받고 싶은 심리는 타고난 기본적인 본성이다. K씨의 무의식에선 이 두 본성이 갈등하고 있는 상태라고 볼 수 있다. 다만, 치료가 충분히 진행되지 못한 상황이었기 때문에 아직은 사랑받고 싶은 심리는 단지 툭 건드려진 정도에 머물러 있었다. 내적대상관계를 반복하려는 심리가 더 우세한 상태였기 때문에 이유 없이 치료를 종결하겠다고 한 것이다. 그렇다고 관심받고 사랑받고 싶은 무의식적인 욕망이 완전히 억압되고 부정되는 상태는 아니었기 때문에 만나서 의논하자는 치료자의 제의에는 쉽게 동의할 수 있었다.

　다음 주 치료시간에 나타난 K씨는 긴장된 모습으로 방어적인 태도를 보였다. 마치 치료자의 비난에 대비하는 듯한 표정이었다.

그러나 치료자의 변함없는 공감적인 태도를 보면서 K씨가 말문을 열었다. 그녀가 치료를 그만두려는 이유는 학대받은 사람들이 보여 주는 일반적인 심리와 크게 다르지 않았다. 즉, 사람들에 대한 불신과 결국 자신은 존중받지 못할 것이란 불안감이 여전히 그녀를 지배하고 있었다. K씨가 치료를 그만두려는 표면적인 이유는 치료자가 다른 강의 시간에 자신의 이야기를 할 것이란 불신과 불안감 때문이었다. 그래서 사람들로부터 창피를 당할 것이라는 두려움이 있었다. 그리고 지금은 치료자가 자신을 존중해 주지만 자신에 대해 깊은 곳까지 다 알게 되면, 결국 자신을 무시하고 하찮게 대할 것이 뻔하다고 느꼈기 때문이다. 지금까지의 경험으로 봐서 사람들이 자신을 이용하든지 아니면 무시하고 함부로 대하는 것은 단지 시간 문제일 뿐이라는 것이다. K씨는 이런 생각들이 떠오르면서 6~7회경부터 치료를 계속해야 하나 하지 말아야 하나를 놓고 고민하기 시작하였다는 것이다.

짧은 시간 안에 K씨의 저항을 처리해야 하였기에 먼저 간략하게 부모와의 관계에서 형성된 대상표상과 자기표상에 대해 설명해 주었다. 현재 K씨 스스로 느끼고 있는 자신의 모습은 사실 부모 관계에서 형성된 것이다. 어리면 어릴수록 자신이 누구인지 객관적으로 인지할 수 없다. 단지 부모가 비춰 주는 자신의 모습을 보면서 자신이 누구인지 알아가는 것이다. 다시 말해서, 부모가 칭찬해 주고 인정해 주면 '나는 좋은 아이인가 보다.'라고 알게 될 뿐이다. 그런데 K씨의 부모는 어린 K를 구타하고 방치하고 때림으로써 '나는 맞을 만한 나쁜 아이인가보다.' '못된 앤가 보다.'라고 느끼게 만들었다. 그리고 부모관계를 통해서 일반 사람들도 부모처럼 K씨를 존중하지 않고 비난하거나 함부로 대할 것이라는 생각을 갖게 되었다. 그리고 지금 치료자도 부모나 일반 사람들처럼 K씨를 함부로 대하거나 무시할 것이라고 생각하게 된 것이라고 설명해 주었다. K씨도 이런 설명을 이해하였고, 자신을 이해하는 데 도움이 되었다고 말하였다. 그리고 큰 저항 없이 현재와 같이 주 1회 정신치료를 계속하기로 하였다.

전이저항은 치료 초기와 중기 전 과정에 걸쳐 간간히 나타났다. 어떤 때는 치료자가 자신과 한 편인가를 테스트하는 형태로 나타났고, 때로는 치료자가 가학적으로 자신에게 고통을 준다고 느끼기도 하였다. 강한 투사적 동일시가 전개되기도 하였다. K씨가 성장과정에서 경험했던 고통스러운 관계 경험들이 비교적 생생하게 치료자에 대한 전이감정으로 표현되었다. 이런 감정 표출은 당황스러운 면도 있었지만 한편으론 K씨의 내적대상관계를 탐색할 수 있는 좋은 기회를 제공해 주었다.

K씨가 깊은 좌절감을 느끼는 부분 중의 하나가 진심으로 서로 깊은 이야기를 나눌 수 있는 사람이 한 사람도 없다는 것이다. 그리고 그 잘못이 바로 자신에게 있다는 것이 K씨를 더욱 고통스럽게 만들었다. K씨는 현재 남편은 물론이고 그녀가 만났던 그 어떤 사람에게도 자신의 속 깊은 이야기를 해 본 적이 없다. 가장 친하다고 할 수 있는 중학 때 단짝친구에게도 가족 이야기 등은 거의 하지 않았다. K씨에게 사람들과 관계란 처음부터 소통을 위한 것이 아니었다. 남편이나 단짝친구조차 소통을 나누고 싶은 대상이

라기보다는 비난받지 않고 거절당하기 싫은 대상이었다. 소통을 생각하기엔 미처 처리되지 못한 상처들이 너무나 생생하게 K씨를 붙잡고 있었다. 그런 비난받고 거절당하는 상처들이 반복될 가능성을 없애기 위해 아예 다른 사람들에게 안 좋게 보일만한 얘기들은 미리 차단하였다.

K씨가 결혼하기 전 잠깐 동안 교회 청년부에 소속된 적이 있었다. 그 당시 한 청년이 K씨에게 호감을 갖게 되었다. 어느 날 교회 모임 중에 그 청년이 K에게 "참 얌전하네요!"라고 말을 걸었다. 나름 그녀에게 호감을 표현한 것이었다. 그러나 K씨는 얼굴이 굳어지면서 당황하는 모습을 보였다. 그리고 그날 이후 한동안 교회를 나오지 않다가 얼마 후부터 청년부는 나오지 않고 대예배만 참석하였다. 이 사건을 토대로 K씨의 내적대상관계가 일상의 대인관계에 어떤 영향을 미쳤는지를 자세히 다룰 수 있었다.

교회 청년으로부터 "참 얌전하네요!"라는 말을 듣고 K씨의 얼굴이 굳어진 것은 그 말이 자신을 "소극적이고 수동적인 사람이네요!"라는 비꼬는 말로 들렸기 때문이었다. 물론 청년은 평소 호감을 갖고 있던 K씨에게 좋은 성격을 가졌다는 긍정적인 의미로 건넨 말이었다. 반복되는 이야기이지만 K씨가 경험해 온 부모관계는 '학대하고 비난하는 대상-학대당하고 비난받는 자'의 관계이다. 반복되어 온 이 관계는 내적대상관계로 내재화되어 다른 사람들을 만날 때마다 그 사람과의 관계를 경험하는 틀로 작동하게 된다.

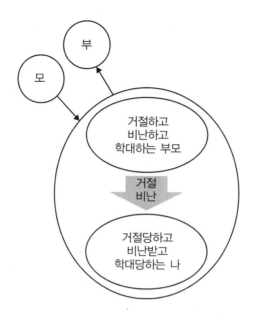

성장과정 중에 부모와 나눈 관계는 대상표상과 자기표상 그리고 관계하는 방식으로 내재화 된다. K씨는 학대하고 비난하고 거절(방치)하는 대상 표상과 그에 상응하는 학대당하고 비난받는 자기표상 그리고 학대하고 비난하는 관계 방식으로 이루어진 내적대상관계를 갖게 되었다.

K씨는 학대하고 비난하는 대상표상과 학대당하고 비난받는 자기표상 그리고 그 사이에 학대하고 비난하는 관계로 이뤄진 강렬한 내적대상관계를 가지고 있기 때문에 모든 사람 관계를 이런 관점에서 바라보게 된다. 교회 청년은 분명히 호감의 표시로 "참 얌전하네요!"라고 말을 건넸지만 객관적인 상황을 인식하기 이전에 이 청년과의 관계도 비난받고 비난하는 관계일 것이라고 저절로 느끼게 되는 것이다.

K씨가 보통 사람이었다면 그 청년이 보여 주는 객관적이고 현실적인 자료나 근거에 바탕을 두고 그 말을 판단했을 것이다. 즉, 청년의 우호적인 표정이나 따뜻한 말투, 그리고 말하는 전반적인 태도 등을 보면서 "참 얌전하네요!"라는 말이 자신을 긍정적으로 칭찬해 주는 것이라고 받아들였을 것이다. 그러나 K씨처럼 학대를 당하거나 심한 비난과 거절을 당한 내적대상관계를 가진 경우 타인과의 관계는 내적대상관계의 반복, 곧 상처를 주고받는 관계라는 등식을 가지고 있기 때문에 그런 객관적 판단을 할 심리적

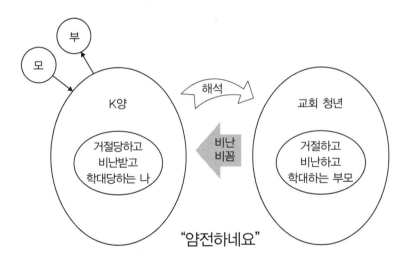

"얌전하네요"

K씨는 교회 청년의 말을 객관적으로 받아들이지 못하고 자신의 내적대상관계에 따라 교회 청년을 비난하고 거절하는 대상표상으로, 자신은 비난받고 거절당하는 자기표상으로 경험한다. 그리고 그런 비난받고 거절당하는 관계가 일어나고 있다고 느낀다.

여유가 없다. 그 대신 타인의 말이 어떤 것이든지 상관없이 이번엔 또 어떤 상처를 주는 말인가 하고 극히 민감해진다. 그리고 자신의 내적작동모델에 맞춰 또 나를 비난하는 것이라 해석해 버린다. 즉, K씨의 내면에서 청년은 내적작동모델의 학대하고 비난하는 대상표상이 되고, K씨 자신은 그 청년에게 비난받는 자기표상이 반복되는 것이다.

　내적작동모델이라는 또 다른 표현처럼 내적대상관계는 사람들과 관계를 맺을 때 그 관계를 해석하는 기본 틀이 된다. 달리 표현하면 타인과의 관계를 바라보는 렌즈의 구실을 한다. 실제 외적이며, 객관적인 사실에 근거해서 관계를 바라보는 것이 아니라 자신의 독특한 내적대상관계라는 렌즈에 의해 굴절된 모습을 보는 것이다. K씨의 내적대상관계는 '학대하고-학대당하는 관계' 혹은 '비난하고-비난당하는 관계', '거절하고-거절당하는 관계'이다. 이 기본 틀을 가지고 타인과의 관계를 바라보고 이해하기 때문에 일단 모든 관계는 그렇게 '비난하고-비난당하는' 관계라고 무의식적으로 느끼게 된다. 이후 십 여 회기에 걸친 내적대상관계에 대한 탐색을 거치면서 '참 얌전하네요!' 라는 말을 자신이 어떻게 받아들였는지를 이해하게 된 K씨는 내적대상관계가 대인관계에 결정적인 영향을 미친다는 것을 알게 되었다.

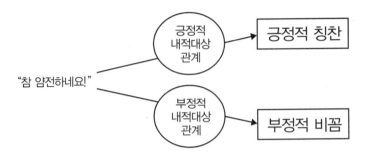

내적대상관계는 사람들과 관계를 맺을 때 그 관계를 해석하는 기본 틀이 된다. 달리 표현하면 타인과의 관계를 바라보는 렌즈의 구실을 한다. 그렇기 때문에 실제 외적이며, 객관적인 사실에 근거해서 관계를 바라보는 것이 아니라 자신의 독특한 내적대상관계라는 렌즈에 의해 굴절된 모습으로 보게 된다.

이후 치료는 주로 부모관계에 의해 어떤 자기표상을 갖게 되었는지, 어떤 대상표상을 갖게 되었는지를 더욱 상세히 살펴보는 데 주력하였다. 그리고 그런 내적표상들이 타인과의 관계에 어떻게 영향을 미쳤는지를 탐색하였다. 교회 청년뿐만 아니라 일반적으로 만나는 사람들이 다 자신을 비난하고 거절하는 대상처럼 자기도 모르게 느껴왔다는 것이 명확해졌다. 마치 K씨는 잠재적인 박해자들에게 둘러싸인 것처럼 살아온 것이다. 그렇기 때문에 대인관계의 초점이 소통이 아니라 상처받지 않는 것이었다. 그래서 타인에 대해 매우 민감하게 되고, 비난의 빌미를 제공하지 않기 위해 극히 자기표현과 노출을 억제해 왔다.

이런 타인관계에 대한 이해를 바탕으로 K씨가 남편 그리고 딸과 어떤 관계를 맺어 왔는지를 보다 깊이 있게 탐색할 수 있었다. 현재 K씨에게 남편과 딸은 가장 중요한 사람이다. 그런 점에서 남편 그리고 딸과의 관계에 대한 이해는 꼭 필요한 것이고, 반드시 거쳐야 할 과정이다.

K씨가 남편을 처음부터 좋아한 것은 아니었다. 다른 남자들과 마찬가지로 남편 또한 처음엔 긴장되는 두려운 남자였다. 당시 모든 남자는 K씨에게 두려운 존재였다. 성인 남자들은 항상 아버지에 대한 두려움을 떠올리는 존재였기 때문이다. 특히 K씨가 일곱 살이었을 때, 아버지가 시골 방문을 박차고 들어와 어린 K를 무자비하게 발길질한 사건은 너무나 큰 심리적 후유증을 남겼다. 그 당시 어머니 또한 아버지 폭력의 무기력한 희생자였다. 어머니는 자기 자신을 보호하지 못하는 것은 물론 어린 K를 보호해 줄 여력 또한 당연히 없었다. 그렇다고 어린 K가 자신을 스스로 지킨다는 것은 더더욱 기대할 수 없는 일이었다. 그나마 아버지와 자신을 분리시켜 준다고 생각한 것이 방문이었다. 그래서 마당에서 아버지 인기척만 나면 방문을 잠그고 방 안에서 자는 척하면서 아버지가 안방으로 들어가기를 바랐던 것이다. 그런데 그날 아버지는 K씨의 방문을 부수고 들어와 무자비한 폭력을 휘둘렀다. 외부 폭력으로부터 자기 자신을 지킬 수 있다고 생각한 최소한의 경계마저 무너진 것이다. 그날 이후 어린 K는 아버지와 함께 있기만 해도 극심한 불안 때문에 심하게 손을 떨었다. 눈에 드러나는 것이 손 떨림이었지 사실은 손발이 떨렸고, 온몸이 떨렸고, 전 존재가 떨렸다. 그날

이후 K씨는 외부의 침입으로부터 자신을 지킬 수 있는 경계를 잃어버린 사람이 되었다. 언제, 어디서나 폭력의 테두리 안에 항상 노출되어 있다고 느끼게 된 것이다.

그렇기 때문에 남편 또한 처음에는 두려움을 느끼게 되는 많은 남자 중의 하나였다. 그러나 남편은 거래처 사람이었기 때문에 K씨가 어쩔 수 없이 상대해야만 하는 사람이었다. 비록 공적인 회사 일이었지만 일 년이란 짧지 않은 시간 동안 지속적으로 만나고 업무적으로 부딪치면서 자연스럽게 두 사람은 서로에 대한 어떤 인상을 갖게 되었다. 타인에 대해 긴장하고 조심하는 K씨의 겉모습이 남편에겐 조용하고 차분한 여자로 보였다. 또 거의 사적인 말을 건네지 않는 K씨의 모습을 보곤 단정한 여자라고 느꼈다. 한편 책임감을 가지고 성실하게 일하는 남편의 모습은 가정을 팽개치고 술에 빠져 지내는 아버지와는 정반대의 모습이었다. 무엇보다 조용하고 차분한 남편의 모습은 항상 혼란스럽고 불안정한 거친 환경 속에 살아왔던 K씨에겐 거의 신선하게 느껴질 정도였다.

이렇게 두 사람의 관계는 시작되었고, 서로를 바라보는 이런 시선들은 점점 더 깊어졌다. 처음 결혼생활은 굉장히 긴장된 것이었다. 하지만 시간이 지나면서 남편은 오랫동안 소망해 왔던 이상적인 아버지로 K씨의 마음속에 점점 굳건하게 자리 잡았다. K씨 자신 또한 이상적인 아버지에게 사랑받는 이상적인 딸이 되기 위해 노력하였다. K씨가 남편에게 기대하는 굳건한 가장의 모습은 성실하고 책임감이 강한 남편으로선 그렇게 어려운 역할이 아니었다. 오히려 기뻐하는 K씨를 보며 기꺼이 굳건한 가장으로서 결혼생활을 이끌어갔다.

문제는 임신을 한 뒤부터였다. 기뻐하는 남편과 달리 K씨는 임신을 달가워 하지 않았다. 무의식적으로 남편을 이상적인 아버지로 생각하고 자신을 그로부터 사랑받는 이상적인 딸로 느끼고 있었기 때문에 K씨의 무의식 깊은 곳에선 임신이 마치 아버지와의 근친상간을 한 증거처럼 받아들이기도 하였다. 그보다 더 K씨의 마음이 무거워진 것은 새로 태어날 딸이 이상적인 아버지의 사랑을 두고 경쟁해야 할 상대처럼 느껴졌기 때문이다. 뱃속의 아기가 자신이 돌봐 주어야 할 사랑스러운 대상이 아니라 남편의 사랑을 두고 경쟁해야 할 대상으로 느껴진 것이다. 이런 저런 이유로 임신 중 우울하고 힘들어하는 K씨의 모습을 보면서 남편은 임신 때문에 그럴 수 있다고 생각하였다. 그러나 출산 후 보인 K씨의 모습은 남편으로서도 도무지 이해할 수 없는 것이었다.

여성에겐 엄마 역할에 대한 본성 같은 것이 있다고 볼 수 있다. 예를 들어, 위니컷Winnicott*은 임신 말기부터 출산 후 몇 주 동안 어머니가 자연스럽게 아주 헌신적으로 아기에게 몰두하고 아기를 한몸처럼 돌봐 주게 되는 시기가 있다고 보았다. 그는 이러한 상태를 '일차모성몰입'이라고 불렀다. 일차모성몰입 상태에서 어머니는 유아를 매우 극단적으로 동일시하기 때문에 거의 유아의 입장에서 느끼고 유아의 욕구를 만날 수 있다. 마치 어머니의 입

＊ 최영민, 대상관계이론을 중심으로 쉽게 쓴 정신분석이론. 서울, 학지사. 2010.

장에서 유아와 융합한 것과 같은 상태가 되는데, 이런 상태는 여성의 본성과 같은 것이라고 봐야 할 것이다. 그러나 이런 본성을 발휘하기에는 K씨 자신의 상처가 너무 컸다. 태어난 어린 딸을 보며 K씨는 엄마로서의 본성이 깨어나기에 앞서 자신의 상처가 먼저 건드려졌다. 그래서 딸을 그냥 막 태어난 사랑스러운 어린아이가 아니라 학대당하던 어린 시절 자기 자신으로 경험하였다. 그 결과 K씨로선 아기를 본다는 것이 곧 어린 시절 고통스럽게 상처받던 자기 자신을 직면하는 것이 되었다. 이런 경험은 무의식적인 것이기 때문에 왠지 모르게 아기 보는 것을 꺼리고, 아기를 볼 때마다 마음이 무거워졌다. 이제 K씨에게 딸은 사랑스러운 딸이 아니라 부담스러운 딸이었다. 뿐만 아니라 자신의 어린 시절처럼 어린 딸도 항상 위험에 노출되어 있는 것처럼 느껴졌다. 그래서 평소 불필요하다 싶게 과도한 보호를 하였다. 과보호를 받은 딸은 결국 의존적인 아이로 성장하게 되었고, 다른 아이들과 자율적이고 주도적으로 어울리지 못하였다. 다른 아이들과 어울리지 못하는 딸의 모습을 보면서 또 다시 어린 시절 외톨이였던 자기 자신의 모습을 확인하게 된 K씨는 고통스러운 좌절을 경험하곤 하였다.

한편 주변머리 하나 없이 외톨이로 지내는 딸의 모습은 K씨가 얼마나 아이를 제대로 키우지 못한 엄마인지를 확인시켜 주는 증거와도 같은 것이었다. 어린 딸을 키우며 K씨가 느끼는 엄마로서의 자신의 모습은 한결같이 부정적인 것이었다. 엄마임에도 불구하고 임신을 기뻐하지 못하는 여자, 딸이 예쁜 것이 아니라 남편사랑의 경쟁 상대처럼 느끼는 엄마, 딸을 볼 때마다 공연히 마음이 무거워지고 부담스러워 하는 엄마, 아이를 제대로 키우지 못해서 주변머리 하나 없는 외톨이로 키운 엄마, 무엇보다 여섯 살밖에 안 된 어린아이인데도 불구하고 인형을 거칠게 비틀면서 쥐어뜯는 잔인한 아이로 만든 엄마, 이런 엄마로서의 자기 모습들은 가뜩이나 부정적인 K씨의 내적 자기표상을 더욱 나쁜 것으로 만들었다.

출산 후 K씨가 심리적으로 악화된 데에는 본인이 어린 시절 어머니로부터 제대로 된 양육을 받아 본 경험이 없다는 점도 한몫을 하였다. 제대로 된 양육을 받으면서 성장한다는 것은 양육을 어떻게 하는지를 실제 경험 속에서 배우면서 자라는 것이다. 이런 바탕 위에 자신의 지식과 주변의 도움을 받으면서 아이를 키우는 것이 보통 사람들이 하는 양육방식인데 불행하게도 K씨에겐 이 모든 것이 제공되지 못했다. 과거 제대로 된 양육도 없었지만 출산 후 현실적인 친정의 도움도 없었다. 처음 출산 후 몇 번 방문한 것 외에 친정어머니뿐 아니라 어느 여동생도 K씨의 딸에게 관심을 보이지 않았다. 상황이 이렇게 돌아가는 것을 보면서 어린 딸을 바라보는 K씨의 무의식적인 시선은 더욱 왜곡되어 갔다. 즉, 어린 딸을 더욱더 비난받고 거절당하면서 자란 자기 자신처럼 바라보게 되었다. 그러다 보니까 어린 딸을 '보통의 아이'로 잘 키우는 것이 목표가 아니라 '나와 다른 아이'로 키우는 것이 K씨의 무의식적인 목표가 되었다. 그래서 얼마든지 자라면서 경험할 만한 평범한 상처에도 민감하게 반응하게 되고 과보호를 하였다. 그리고 딸에게 아주 작은 부정적인 모습만 보여도 분노가 치밀어 올랐다.

그 분노에는 딸을 제대로 양육하지 못한 자신에 대한 분노가 곁들여져서 분노 폭발로 이어지곤 하였다.

정신치료 처음 1년여 동안은 K씨의 성장과정과 가족관계에 대한 심리적 이해를 주로 다루었다. 원체 다른 대인관계가 거의 없는 상태였기 때문에 가족관계에 집중할 수밖에 없는 면도 있었다. 가족관계에 대한 이해가 늘어나면서 자연스럽게 K씨 자신의 신앙에 대한 이야기도 증가하였다. 부모와의 관계가 하나님과의 관계에도 직접적으로 영향을 주었다는 것이 점점 명백해졌기 때문이다.

K씨에게 하나님은 따뜻한 분이 아니었다. 오히려 무섭고 두려운 분이었다. 사랑으로 감싸 주는 분이 아니라 엄격하게 심판하고 가혹하게 벌 줄 것 같은 분이었다. K씨가 하나님을 이렇게 느끼는 것은 자기 아버지의 연장선상에서 하나님을 경험하고 있기 때문이라는 것을 이해하게 되었다. 아버지와의 관계가 하나님과의 관계에 영향을 미치고 있다는 것을 조금씩 알게 되면서 가혹하고 무서운 분이라는 하나님상이 어느 정도 완화되긴 하였지만 두려움이 아주 없어지진 않았다. 다른 교인들과 거의 관계를 안 하고 지내는 것도 마찬가지였다. 그러나 교회 예배에 참석하는 빈도는 훨씬 많아졌다. 예전에는 본인의 심리상태에 따라 한두 달에 한 번 정도 예배에 참석했지만 근래에는 거의 매주 참석하였다. 교회에서 하는 세미나와 같은 행사에도 간간이 참석하였다.

정신치료가 1년 반 정도 지난 시점에 또 한 번 강한 저항이 나타났다. 2주를 연속해서 지각을 하더니 아예 치료시간에 나타나지 않았다. 그리고 그다음 주에 전화를 하여 치료를 그만두겠다고 일방적으로 통고하였다. 그러나 이번에도 다음 치료시간에 와서 치료 종결에 대해 의논하자는 치료자의 말에는 선선히 동의를 하였다. 그다음 시간에 나타난 K씨는 치료자의 시선을 피하듯이 고개를 숙이고 예배에 대한 이야기를 주로 하였다. 목사님의 설교 말씀이 참 좋고 마음에 깊이 와 닿는 경우가 많다며 들릴 듯 말 듯 이야기를 이어갔다. 그러다가 갑자기 이야기를 중단한 채 침묵에 빠져 들었다. 고개를 숙이고 이야기가 자주 중단되는 것은 최근 몇 회기 동안 지속적으로 보였던 모습이기도 하였다. 다만, 이번에는 보다 깊은 침묵에 빠져드는 모습을 보였다. '무언가 말하기가 힘든 마음이 있나보다.'라는 치료자의 말에 K씨는 더욱 고개를 숙이며, 자신은 용서를 받을 수 없을 만큼 나쁜 존재인 것 같다고 속삭이듯이 말하였다.

K씨의 마음이 힘들어진 것은 몇 주 전 용서에 관한 설교를 들은 후부터였다. 그때가 마침 교회에서 가정의 달로 정한 5월이었다. 아무리 서로 깊은 상처를 주었다고 하여도 특히 가족끼리는 서로 용서를 해 주어야 한다는 요지의 설교 말씀이었다. 목사님의 말씀을 들으면서 잔인하게 발길질하던 아버지의 모습이 떠올랐다. 그 순간 K씨는 그 당시 자신이 주인에게 발길질 당하는 강아지와 다름없었다는 생각이 스쳐 지나갔다. 아버지는 나를 정말 사람으로 보았을까? 그렇다면 그런 아버지도 사람이라고 볼 수 있을까? 이러한 생각들이 연이어 떠오르며 K씨를 혼란스럽게 만들었다. 그런 와중에 갑자기 치료자가 떠올랐다. 그리고 치료자가 '자신을

사람처럼 여기지 않을 것'이라는 생각이 스쳐 지나갔다. 그 뒤로 치료시간에 보이는 치료자의 모습은 단지 일 때문에 자신을 도와 주는 것이지 진정으로 '자신을 사랑해 주는 것'이 아니라는 생각이 들었다. '자신을 사람처럼 여기지 않을 것' '자신을 사랑해 주는 것' 등의 표현에서 알 수 있듯이 K씨가 치료자를 어떻게 느끼고 있는지 그 전이감정이 고스란히 드러나는 것을 볼 수 있었다.

그동안 K씨는 치료자를 이상적인 아버지처럼 느껴 왔다. 그리고 실제 자신의 아버지는 치료자와 정반대되는 가장 인간답지 않은 사람으로 치부해 왔다. 치료자와 아버지를 분리splitting시켜 이상화와 평가절하를 해 왔던 것이다. 그렇기 때문에 잔인하고 술주정뱅이인 아버지를 없었던 사람처럼 취급하는 것은 당연한 것이었다. 그리고 이상적인 아버지인 치료자는 이런 K씨의 마음을 기꺼이 이해할 것이라는 무의식적인 믿음이 있었다. 그런데 목사님은 K씨의 무의식에서 또 다른 참 좋은 아버지이다. 그런 목사님이 아무리 깊은 상처를 주었어도 가족끼린 용서해야 한다는 설교를 한 것이다. 그러자 그 말씀을 들은 K씨의 마음에 자신이 아버지를 어떻게 취급해 왔는지가 떠오르며 갑자기 죄책감이 밀려 온 것이다. 아버지가 어린 K를 사람처럼 여기지 않고 발길질했듯이 K씨 또한 아버지를 사람처럼 여기지 않았다는 것이 명확해졌다. 그러면서 치료자 또한 그런 K씨 자신을 사람처럼 여기지 않을 것이라는 생각이 들었던 것이다. 치료자와 아버지를 분리의 방어기제를 사용하여 경험하였듯이, K씨 자신에 대해서도 분리의 방어를 사용하여 치료자로부터 사랑받는 온통-좋은 나all-good self와 치료자로부터 비난받고 거절당하는 온통-나쁜 나all-bad self로 경험하고 있는 것을 볼 수 있다. 마찬가지로 치료자도 전적으로 좋은 치료자와 자신을 거부하는 전적으로 나쁜 치료자로 경험하고 있는 것을 알 수 있다.

용서에 관한 목사님의 설교를 들은 후부터 용서라는 단어가 마치 K씨 전체를 붙잡고 있는 것처럼 보였다. 특히 아무리 깊은 상처를 받았다 하여도 가족끼린 서로 용서해야 한다는 목사님의 말씀이 K씨의 마음에서 떠나질 않았다. K씨는 자기 자신을 심리적으로 이해하게 되면서 마음이 한결 가벼워졌다면서 아버지에 대해서도 심리적으로 이해할 수 있기를 바랐다. 용서의 실마리를 아버지에 대한 심리적인 이해에서 찾고 싶어 하였다. 아버지는 어떻게 그렇게까지 무자비하게 자기 딸을 발길질할 수 있었을까? 아무리 술에 취해 제 정신이 아닌 상태에서 한 짓이라 하여도 그것만으로는 K씨의 마음이 납득이 되지 않았다. 사실 술에 취하지 않은 아버지도 술에 취했을 때와 비교해 크게 다르지 않았다. 상당 기간 아버지에 대한 이야기가 이어졌다. 아버지 자신도 그의 아버지, 즉 K씨의 할아버지에 의한 폭력의 희생자였다는 것이 보다 명확해졌다. 점점 K씨는 아버지나 자신이 근본적으로 희생자라는 공통점을 갖고 있다는 것을 이해하게 되었다. 학대의 희생자로서 갖게 되는 자신에 대한 무가치감과 낮은 자존감이 두 사람 모두의 심리기저에 깔려 있음도 알게 되었다.

반면에 K씨와 그의 아버지는 뚜렷한 차이점도 갖고 있었다. 아버지는 학교를 거의 안 다녔지만 K씨는 교육을 받으며 자신의 지적

능력을 발휘할 수 있었다. 가장 큰 차이점은 아버지와 달리 K씨에게 건강한 단짝친구가 있었고, 또 남편과 치료자와 같은 이상적인 부모상을 만날 기회가 있었다는 점이다. 비록 부분적인 성공이었지만 처음엔 남편으로부터, 그리고 지금은 치료자로부터 그런 이상적인 부모상으로부터 사랑받는 환상 속에서 자신에 대한 무가치함을 방어적으로 처리할 수 있었다.

그렇다면 K씨의 아버지는 자신에 대한 그런 무가치함이나 낮은 자존감을 어떻게 처리하였을까? K씨의 아버지는 누구와의 관계 속에서 그런 무가치함을 처리할 수 있는 여지가 없었다. 그럴 만한 대상관계 자체가 없었기 때문이다. K씨의 아버지도 그의 아버지의 폭력에 시달리며 심한 불안과 극도의 무기력감과 무가치함을 느꼈을 것이다. 외부의 도움을 받을 수 없는 K씨의 아버지는 그 자신이 느끼는 불안과 무기력감과 무가치함을 스스로 처리할 수밖에 없었다. 그 결과 그 자신이 자신에게 가해지는 폭력보다 더 강한 폭력을 휘두르는 존재가 됨으로써 안정감을 느꼈다. 즉, 실제 무기력하고 무가치한 존재와 정반대되는 엄청난 힘을 가진 거대한 존재가 됨으로써 자기를 방어한 셈이다. 어린 K와 가족에게 폭력을 휘두르며, 또 가족을 위협하고 공포를 불러일으키면서 K씨의 아버지는 '나는 이제 더 이상 당하는 존재가 아니다.' 라는 것을 스스로 그리고 무의식적으로 확인한 셈이다. 또한 동시에 가학적 과대감을 무의식적으로 즐긴 것이다. 이런 무의식적인 이유 때문에 어린 딸을 무자비하게 발길질할 수 있었던 것이다.

결과적으로 너무나 잔인하고 가학적인 폭력을 휘두르는 괴물 같은 존재가 되었지만 아버지의 그런 모습도 자신을 지키려는 안간힘이었고 방어체계였다는 것을 K씨도 조금씩 이해하게 되었다. 그렇다고 아버지에 대한 증오의 감정이 금방 사라진 것은 아니었다. 하지만 자신이 당한 학대와 거절당함의 경험이 심리적으로 많이 다루어지고 아버지에 대한 심리적 이해가 늘어나면서 아버지에 대한 증오의 감정이 생활에 직접 영향을 미치는 경우는 많이 줄어들었다. 딸에 대한 폭발적인 매질도 상당히 완화되었다. 그러나 가족 간에 주고받은 상처에 대한 이해가 늘어나고 관계도 조금씩 좋아졌지만 아직 다른 사람들과는 여전히 고립된 채 지내는 것이 문제였다.

학대당한 경험을 가진 사람들을 정신치료하면서 생각해야 할 또 다른 측면은 그들이 학대의 고통을 어떻게 처리해 왔는가, 즉 어떻게 방어해 왔는가에 대한 고려이다. K씨는 어린 시절에 학대당하고 방치되었던 관계 경험을 성인이 되어서도 그대로 반복하고 있다. 딱히 어린 시절의 상처에 대해 어떤 방어나 처리를 하지 못하고 있는 셈이다. K씨의 내적대상표상은 기본적으로 학대하는 아버지와 방치하고 비난하는 어머니상이 내재화되어 형성되었다. 자기표상은 그런 학대와 방치 그리고 비난을 받으면서 갖게 된 학대당하고 비난받아 마땅한 나쁜 아이, 형편없는 아이, 관심을 받을 만한 가치가 없는 아이이다. 그런 내적표상들 때문에 주위 사람들이 모두 자신을 비난하고 거절하는 대상일거라고 자기도 모르게 느끼게 된다. 마치 K씨는 잠재적인 비난자들 혹은 거절하는 사람들에게 둘러싸인 것처럼 살아온 것이다. 그렇기 때문에 대인관계에 있어 일차적인 관심이 사람들에게 비난받지 않고 거절당하지 않는 것이다. 다시 말해서, 대인관계의 초점이 상호 소통하거나 관계를 맺는 것이 아니라 상처받지 않는 것이었다. 그래서 타인에 대해 매우 민감할 수밖에 없었고, 비난받거나 거절당할 꼬투리를 주지 않기 위해 사람들로부터 아예 고립된 채 지내왔다. K씨로선 사람들로부터 상처받지 않는 가장 손쉬운 길이었지만 그 대신 소외감과 외로움 그리고 무가치하게 느껴지는 무기력함 등의 비싼 대가를 치러왔다.

학대당한 사람들이 모두 K씨처럼 속절없이 고립되어 지내는 것은 아니다. 어떤 사람은 성장과정의 고통을 잊기 위하여 술이나 약물에 의존하는 것을 볼 수 있다. 이미 매우 취약한 심리를 가진 상태이기 때문에 자신의 상처를 불러일으킬 만한 자극들을 만날 때 그것을 직면하거나 성숙하게 처리하기엔 역부족인 것이다. 이럴 때 당장 손쉬운 방법 중 하나는 일단 고통을 피하고 보는 것이다. 고통을 피하는 방식은 다양할 수 있다. 술을 마시거나 약물을 복용하는 것이 일반적이지만 다른 것에 중독될 수도 있다. 지나치게 음식을 많이 섭취할 수도 있고 성적인 탐닉에 빠질 수도 있다. 여건이 허락되면 일중독에 빠질 수도 있다. 이런 도피는 또 다른 무력감을 불러일으킬 뿐 어떤 해결책도 나올 수 없는 또 다른 절망의 모습에 지나지 않는다.

학대당한 사람이 겪는 깊은 갈등 중의 하나는 분노와 적개심에 관한 것이다. 물론 K씨에게도 해당되는 사항이다. 아무리 부모지만 그렇게 난폭하게 구타하는 아버지와 아무런 보호를 해 주지 않는 것은 물론 한없이 무관심한 어머니를 보며 분노를 느끼는 것은 자연스러운 일이다. 이런 상황이 반복되며 증오와 적개심까지 느끼게 되는 것 또한 자연스러운 일이다. 부모에 대한 분노와 증오의 감정엔 어쩔 수 없이 죄책감이 뒤따르게 마련이다. 이제 학대당한 사람은 분노와 증오 그리고 죄책감이라는 또 다른 무거운 짐을 처리해야 한다.

사람에 따라 사뭇 적개심과 죄책감을 처리하는 방식이 다를 수 있다. 현재 공무원으로 일하고 있는 한 40대 남성은 어려서부터 반동형성과 피학적 자기처벌로 부모에 대한 적개심을 방어해 왔다. 부모에 대해 분노를 느낄 때마다 더욱 부모에 순종하고 더 희생적으로 집안일을 도왔다. 부모로선 그럴 수밖에 없는데 알아서 하지 못하는 내가 잘못이라면서 어린아이로선 감당할 수 없을 정도로 혹독하게 일을 시켰다(부모의 잘못이 아니라 자신이 잘못이라고 방어하는 것을 도덕적 방어*라고 한다). 현재 그는 노숙자를 돌보는 일을 하고 있다. 동료들은 꺼리는 일이지만 그는 정말 희생적으로 노숙자들을 돌보고 있다. 방어는 의도적으로 하는 것이 아니라 무의식적으로 일어나는 심리기제이다. 희생적으로 노숙자들을 돌보는 무의식적인 심리엔 자기처벌의 심리가 있다. 부모를 증오하고 적개심을 느끼는 자신을 처벌함으로써 죄책감을 완화시키려는 심리이다. 또 힘들지 않게 좋은 마음으로 노숙자들을 도와줄

----

* 최영민, 대상관계이론을 중심으로 쉽게 쓴 정신분석이론. 서울, 학지사. 2010.

수 있는 것은 어려서부터 사용해 온 반동형성 때문이다. 그렇지만 부모에 대한 적개심과 그에 뒤따르는 죄책감을 처리하기 위해 어려서부터 사용해 왔던 방어체계가 지금은 공무원으로서 일하는 데 큰 심리적 덕목이 되고 있는 것도 사실이다.

이와 같이 처음엔 본능적 충동에 대한 방어기제로 기능하던 것이, 나중에 그 자체가 하나의 자율적인 목적을 갖는 기능이 된 경우 그 변화된 기능을 이차자아자율기능이라고 한다. 그렇기 때문에 현재의 기능이나 의미를 기원적으로 따져서 최초의 기능으로 환원시키거나 최초 기능과 동일하게 여기는 것은 잘못이라고 하트만Hartmann*은 강조하였다. 예를 들어, 성적인 호기심에서 출발하였다고 하여 지적인 탐구를 단지 성적 호기심에 불과한 것이라고 말하는 것이 이에 해당한다. 일반적으로 벌어지고 있는 이러한 잘못을 하트만은 '기원적 오류genetic fallacy'라고 불렀다. 그렇기 때문에 앞 공무원의 경우, 어려서부터 써 온 방어기제에서 출발하였다고 하여 노숙자에 대한 헌신적인 돌봄을 단지 반동형성과 피학적 자기처벌에 불과한 것이라고 하는 것은 심각한 기원적 오류를 범하는 것이 된다.

앞의 공무원은 적개심과 죄책감을 반동형성과 피학적 자기처벌의 방식으로 방어해 왔다. 그리고 그런 방식 자체가 이젠 공무원으로서 자신이 하는 일에 큰 덕목이 되고 있다. 하지만 적개심과 죄

---

* 최영민, 대상관계이론을 중심으로 쉽게 쓴 정신분석이론. 서울, 학지사. 2010.

책감이 이 공무원의 경우처럼 현실 적응에 도움이 되는 방식으로 처리되는 경우가 일반적이라고 말할 수는 없다. 오히려 그 반대의 모습으로 나타나는 경우가 더 보편적이라고 봐야 할 것이다.

K씨는 부모의 학대와 방치를 별 저항 없이 당연한 것으로 받아들였다. 그러나 K씨의 남동생은 다른 방식을 나타냈다. 속절없이 부모에게 당하지 않고 거칠게 대항하고, 나중에는 오히려 부모를 공격하였다. K씨의 남동생은 수동적으로 당하는 자기표상 대신에 자신을 가학적으로 공격하는 대상표상을 취하였다. 앞서 설명했지만 K씨의 아버지도 자신을 공격하는 공격자를 훨씬 능가하는 학대자의 표상을 취함으로써 자신을 방어하였다.

한편 자신이 학대당한 경험을 폭력성과 가학성–피학성 등의 주제로 승화시킨 예술작품이나 영화들도 적지 않다. 이런 영화들은 세계적으로 유명한 영화제에서 상을 수상하기도 하였다. 핵심은 학대당한 경험은 한 인간 전체를 파괴하는 매우 고통스럽고 혼자선 처리하기 힘든 경험임에 틀림없지만 적절한 도움을 받는 경우 달리 대응할 여지가 아예 없는 것은 아니라는 점이다. K씨도 자신이 학대당한 사람이란 것을 운명처럼 받아들이면서 그냥 수동적으로 그러려니 하고 살아왔다는 것을 이해하게 되었다. 그렇다고 당장 뾰족한 방법이 있는 것은 아니지만 적어도 마음가짐이 달라졌다. 좀 더 정신치료에 대해 확신하게 되었고 앞으로 하나하나 해 가면 된다라는 마음을 갖게 되었다. 시기적으로 정신치료를 시작한 지 2년이 좀 지난 시기였다.

∞ 영적 도약의 필요성

K씨의 경우는 가족과의 대상관계가 하나님상에 미치는 영향을 이해하게 되면서 자연스럽게 정신치료과정에서 신앙과 영성을 함께 다룰 수 있었다. 성장과정에서 학대의 상처가 너무 뚜렷하였기 때문에 내적대상관계가 비교적 선명하게 드러났다. 그리고 내적대상관계에 대한 이해가 늘어나면서 학대와 거절당함의 상처가 자기표상과 대상표상 그리고 대인관계를 맺는 방식에 어떻게 영향을 미쳤는지를 잘 이해하게 되었다. 특히 치료자 관계에서 다양한 전이를 경험하면서 K씨 자신의 대인관계 방식을 알게 되었다. 또한 학대당한 경험이 하나님 관계와 신앙생활에도 영향을 미친다는 것을 이해하게 되면서 신앙 안에서 용서라는 주제에 자연스럽게 접근할 수 있었다. '나는 아버지를 진정으로 용서할 수 있는가?' '나는 딸로부터 참된 용서를 받을 수 있을까?' '하나님은 이런 나를 어떻게 보실까? 정말 용서해 주실까?' 등이 K씨가 던진 질문들이다.

K씨의 신앙이 이지적인 것은 아니었다. 성경 말씀에 근거하는 신앙이라기보다 주관적인 감성과 경험에 바탕을 두고 있었다. K씨는 예배 중에 교회 강단 뒤에 서 있는 커다란 십자가를 보면서 십자가에 달린 예수님을 꽤 생생하게 느낄 때가 있었다. 때론 순간적이지만 자신이 밝은 빛 속에 있는 느낌을 받을 때도 있었다. 그럴 때는 아주 짧지만 예상치 못한 평안을 경험하곤 하였다. K씨는 이런 평안함 속에서 살 수 있다면 그곳이 천국일 것이라고 표현하였다. 하지만 그런 평안함의 경험은 자신이 노력해서 얻는 것도 아

니고 그렇다고 기도한다고 당장 주어지는 것도 아니었다. 그렇지만 그런 평안은 K씨에게 희망을 주는 하나의 의미 있는 신앙체험이었다.

그러나 평소 K씨의 신앙을 지배하고 있는 것은 두려운 하나님이었다. 실제 아버지의 연장선상에서 하나님을 경험했기 때문에 두렵게 느끼기기도 했지만 여섯 살밖에 안 된 딸을 그렇게 잔인한 아이로 만들었다는 죄책감 때문에 더욱 두려움을 느꼈다. 아버지와 어머니에 대한 증오심 때문에 느끼는 죄책감도 만만치 않았다. 죄책감을 불러일으키는 의식적·무의식적인 요인들에 대해 적지 않은 이해를 하게 되었음에도 불구하고 신앙적인 죄책감은 여전히 K씨를 괴롭혔다. 그리고 죄책감만큼 하나님의 징계에 대한 두려움이 뒤따랐다. 하나님의 징계에 대한 불안이 K씨의 신앙생활을 어둡고 무겁게 만드는 핵심이었다. 왜 하나님을 그렇게 두려운 하나님으로 느끼고 있는지에 대해 K씨는 심리적으로 꽤 이해하고 있었다. 하지만 궁극적으로 이 부분을 영적으로 이해하는 것이 K씨의 영성에 도움이 될 것이란 점에 대해 K씨와 치료자가 모두 공감하였다. 아버지에 대한 심리적인 이해가 늘어나면서 아버지에 대한 용서보다 이제는 자신이 용서받을 수 있는가라는 두려움이 더 문제가 되었다. 나는 하나님께 용서를 받을 수 있을까? 징계하고 벌 줄 것이라고 느끼고 있는 하나님은 정말 K씨를 어떻게 대할 것인가? 이 의문을 다루기 위하여 실제 예수님은 죄지은 사람을 어떻게 대하셨는가에 대해 이야기를 나누기로 하였다. 거의 성경 공부를 해 본 적이 없는 K씨였기 때문에 성경 속 구체적인 사례를 가지고 검토하기로 하였다.

이른 아침에 예수께서 다시 성전에 가시니, 많은 백성이 그에게로 모여들었다. 예수께서 앉아서 그들을 가르치실 때에 율법학자들과 바리새파 사람들이 간음을 하다가 잡힌 여자를 끌고 와서, 가운데 세워 놓고, 예수께 말하였다.

"선생님, 이 여자가 간음을 하다가 현장에서 잡혔습니다. 모세는 율법에, 이런 여자들을 돌로 쳐 죽이라고 우리에게 명령하였습니다. 그런데 선생님은 뭐라고 하시겠습니까?"

그들이 이렇게 말한 것은, 예수를 시험하여 고발할 구실을 찾으려는 속셈이었다. 그러나 예수께서는 몸을 굽혀서, 손가락으로 땅에 무엇인가를 쓰셨다.

그들이 다그쳐 물으니, 예수께서 몸을 일으켜, 그들에게 말씀하셨다.

"너희 가운데서 죄가 없는 사람이 먼저 이 여자에게 돌을 던져라."

그러고는 다시 몸을 굽혀서, 땅에 무엇인가를 쓰셨다. 이 말씀을 들은 사람들은, 나이가 많은 이로부터 시작하여, 하나하나 떠나가고, 마침내 예수만 남았다. 그 여자는 그대로 서 있었다. 예수께서 몸을 일으키시고, 여자에게 말씀하셨다.

"여자여, 사람들은 어디에 있느냐? 너를 정죄한 사람이 한 사람도 없느냐?"

여자가 대답하였다.

"주님, 한 사람도 없습니다."

예수께서 말씀하셨다.

"나도 너를 정죄하지 않는다. 가서, 이제부터 다시는 죄를 짓지 말아라."

요한복음 8장 2-11절에 나오는 간음하다 잡힌 여인에 대한 이야기이다. 물론 K씨가 간음을 한 것은 아니다. 다만, K씨는 사람들에게 손가락질 당하고 도무지 용서받지 못할 죄를 지었다는 점에서 자신이 간음하다 잡힌 여인과 다를 바 없다고 느끼고 있었다. 용서의 주제를 다루기 위해 이 구절을 선택한 이유이기도 하다.

이 구절에는 간음하다 잡힌 여인과 그를 정죄하는 율법학자와 바리새파 사람들 그리고 예수님이 등장한다. 율법학자와 바리새파 사람들은 모세의 율법을 판단의 기준으로 제시한다. 그리고 그 기준에 따라 그들은 여인을 돌로 쳐 죽여도 되는 의로운 사람들이고 여인은 돌에 맞아 죽어 마땅한 나쁜 존재처럼 여긴다. 마치 그들은 간음하지 않았다는 것만으로 온통 의로운 존재이고 여인은 간음하다 잡혔다는 것만으로 온통 악한 죄인이라고 생각한다. 심리적으로 보면 분리splitting의 기제를 사용하여 이분법적인 사고를 하고 있다.

사실 율법학자와 바리새파 사람들에게 여인은 예수님을 궁지에 빠뜨리려는 미끼이기도 하다. 만약 예수님이 여인을 돌려 쳐 죽이는 것에 동조하면 죄인을 사랑하라는 예수님 자신의 말에 어긋나는 것이 된다. 뿐만 아니라 로마 정부에 반기를 드는 자로 고발당할 수도 있다. 당시 로마 정부는 유대인들로부터 죄인을 재판하고 사형시킬 권한을 박탈했고, 그 권한은 로마인들이 갖고 있었기 때문이다. 반대로 죽이지 말라고 하면 모세의 율법을 어기는 것이 된다. 율법학자와 바리새파 사람들의 편에 서서 여인을 돌로 쳐 죽이라고 할 것이냐 아니면 죄인 편에 서서 여인을 죽이지 말라고 할 것인지 예수님이 선택의 갈림길에 서 있는 형국이다. 그러나 예수님에게 이 상황은 선택의 갈림길이 아니었다. 왜냐하면 예수님에게 이 상황은 죄인인 여인과 의로운 율법학자와 바리새파 사람들이 대치하고 있는 것이 아니었기 때문이다. 예수님에게 이 상황은 간음의 죄를 범한 죄인과 간음에 못지않은 다른 많은 죄를 범한 또 다른 죄인들이 맞서 있는 상황이었을 뿐이다. 여인과 그를 정죄하는 율법학자들과 바리새파 사람들은 모두 본질적으로 똑같은 죄인들이라는 것을 예수님은 꿰뚫어 보고 계신 것이다.

"너희 가운데서 죄가 없는 사람이 먼저 이 여자에게 돌을 던져라." 예수님이 율법학자들과 바리새파 사람들에게 죄인인 자신들의 모습을 직면할 수 있도록 도와준 말씀이다. 본질적으로 죄인임에도 불구하고 평소 잊고 지냈던 자신들의 모습을 일깨워 주신 것이다. 예수님은 이번에는 여인에게 새로운 자신의 모습을 보도록 당부하신다. "나도 너를 정죄하지 않는다. 가서, 이제부터 다시는 죄를 짓지 말아라." "나는 너를 정죄하지 않는다."라는 말씀 속에는 여인이 죄를 지은 죄인이란 것을 분명히 하면서도 정죄하지 않겠다는 뜻을 전하고 있다. 그리고 "이제부터 다시는 죄를 짓지 말아라."라는 말씀을 통해 여인의 새로운 존재의 가능성을 제시하신다. '죄를 짓지 않을 수 있는 자'라는 새로운 가능성이다. 예수님에게 여인은 죄인이다. 간음의 죄를 범한 죄인이기도 하지만 본질적으로 한 인간으로서 죄인이다. 동시에 여인은 죄를 짓지 않을 수 있는 존재이다. 한 인간으로서 하나님 안에 있을 때 죄를 짓지 않을 수 있는 존재이다.

간음하다 잡힌 여인과 자기 자신을 같은 입장이라고 느껴 오던 K씨에게 이 구절들에 대한 이해는 많은 위로를 주었다. 또한 예수님이 여인에게 하신 말씀이 K씨에게 크게 와 닿았다. 단지 와 닿았다기보다 예수님이 K씨 자신에게 하신 말씀으로 받아들였다. "나도 너를 정죄하지 않는다. 가서, 이제부터 다시는 죄를 짓지 말아라." K씨는 다시 죄를 짓지 않기를 진심으로 바랐다. 무엇보다 딸에게 다시는 죄를 짓지 않기를 바랐다. 그러나 실제 생활은 그렇지 못했다. 예전에 비하면 폭력도 거의 사라지고 딸을 대하는 전반적인 태도 자체가 많이 변했지만 불쑥불쑥 일어나는 분노는 쉽게 사라지지 않았다. 부모에 대한 증오의 감정도 간간히 솟아올랐다. K씨는 자기 자신을 이해할 수 없다며 눈물을 보일 때도 있었다. 다시 한 번 죄의 보편성과 그런 죄로부터 떠나서 영성을 실현하며 살아갈 수 있는 인간 존재에 대해서 이야기를 나누었다.

먼저, 성경은 간음한 여인뿐만 아니라 또 다른 널리 알려진 인물을 통해서 인간이 어떤 존재인지를 말하고 있다는 것을 K씨와 나누었다. 다윗과 골리앗의 이야기는 K씨도 이미 알고 있는 내용이었다. 다윗은 간음의 죄를 범한 왕이다. 단지 부하 장수의 아내를 간음하였을 뿐만 아니라 자신의 죄를 감추기 위하여 자신과 나라를 위하여 목숨을 걸고 싸우던 부하 장수를 죽이기까지 한 패악하기 그지없는 죄인이다. 그러나 죄를 범하기 전 다윗은 하나님 안에서 놀라운 믿음의 용사였다. 키가 3m 가까이 되고 갑옷의 무게만도 50kg이 훌쩍 넘는 골리앗을 '만군의 주님의 이름을 의지하고' 싸워 이긴 영성을 지닌 사람이었다. 어떻게 이렇게도 상반된 두 모습의 다윗이 가능할 수 있는가?

상반된 두 모습의 다윗, 인간으로서 우리 존재가 바로 그런 모습이다. 간음한 여인의 이야기에서 예수님도 서로 상반된 인간의 모습을 말씀해 주셨다. 예수님이 율법학자들과 바리새파 사람들에게 직면하도록 한 인간의 모습은 인간은 모두 죄인이라는 것이다. 반면 여인이 깨닫고 실천하기를 바랐던 모습은 죄를 짓지 않을 수 있는 인간이었다. 예수님의 말씀처럼 인간은 죄를 짓지 않을 수 있는 가능성을 가진 존재이다. 한편으론 패악하기 그지없는 죄인이 될 수 있는 존재이고 다른 한편으론 여호와의 이름을 의지하며 불가능해 보이는 싸움에서 싸워 승리할 수 있는 깊은 영성에 도달할 수 있는 존재이기도 하다. 한쪽 끝을 보면 깊은 죄에 빠질 수밖에 없는 것이 인간이고, 반대쪽 끝을 보면 영성을 실현하며 살 수 있는 것이 인간 존재이다. 참으로 폭넓은 존재의 스펙트럼을 가지고 있는 것이 인간이다.

폭넓은 인간 존재의 스펙트럼은 사도 바울의 인간 이해에서도 엿볼 수 있다. 사도 바울은 인간이 세 가지 모습을 보일 수 있는 존재라고 설명한다. 첫째가 자연인으로서 인간psychikos이다. 그는 인간의 본성에 따라 살아간다. 비록 본성에 따라 살아가나 자연인으로서 인간은 하나님에 의해 창조된 독특한 생명현상을 갖는 존재이다. 그렇기 때문에 동물적인 본성을 초월할 수 있는, 즉 영적 인간이 될 수 있는 가능성을 가진 존재이다. 그러나 아직 그런 잠재적 수준에 이르지 못한 존재이고, 본래적인 가능성을 성취하지 못한 존재이다. 다시 말해서, 아직 하나님의 성령에 의하여 고양되었거나, 정화되었거나, 조명을 받지 않은 존재이다. 보통 인간 본성에 따라 일상의 삶을 살아가는 우리 모습이라고 볼 수 있다.

영으로서 인간pneumatikos은 그가 본래 어떠한 존재인가 하는 것을 완전히 실현해 놓은 모습이다. 즉, 하나님을 따라 사는 영적인 인간을 의미한다. 영으로서 인간은 그의 삶에서 하나님께서 설정하신 목표와 방향이라는 새로운 차원을 발견한 전인이다. 이 세상의 체계에 갇힌 존재에서 하나님의 은혜 안에서 살아가는 존재로 나아간 존재라고 볼 수 있다. 영으로서 인간은 그가 하나님에게 부여받은 가능성을 소유하고, 실현하고, 또 유지하기 위해서는 창조주 하나님께 전적으로 의존해야 한다. 그렇지 못할 때 인간은 육적인 삶을 살게 된다.

육적sarkikos이라는 말은 육체를 가리키는 것이 아니라, 육체와 마음을 포함한 사람의 전 영역에서 하나님께 불순종하려는 타락한 인간 속에 있는 성향을 의미한다. 육적 인간은 유한하고, 찰나적인 차원이 그의 삶을 지배하고 있는 존재를 뜻한다. 그래서 그런 삶의 방식이 그의 삶에서 일반적인 경향이 되고 방향이 된다. 그러므로 육적이라는 말은 무엇보다도 전인의 존재방식 혹은 생활방식을 의미한다.

바울의 인간관을 이해하게 되면서 K씨는 지금까지 자신이 극히 타락한 육적인 인간으로 살아왔다고 느끼게 되었다. 자신뿐만 아니라 자신의 할아버지와 아버지 또한 육적 인간으로서 삶을 살았다는 것을 알게 되었다. 정말 안타까운 것은 그들에게는 영성을 실현하며 살 수 있는 기회조차 주어지지 않았다는 점이다. 반면에 K씨는 하나님 안에서 하나님에게 부여받은 영적 가능성을 실현하며 영적인 인간으로 살아갈 수 있는 가능성이 자신에게도 있다는 것을 느끼게 되었다. 그리고 이런 기회가 어린 딸에게도 반드시 제공되어야 한다는 생각도 하게 되었다.

∞ 차원적 존재론과 참된 하나님 형상으로의 도약

처음 용서에 관한 목사님의 설교를 들었을 때에는 K씨 자신이 아버지를 용서해야 한다는 것이 초점이었다. 그리고 아버지를 용서할 마음이 좀처럼 생기지 않는 것이 K씨를 좌절시켰다. 그러나 점차 아버지에 대한 심리적인 이해가 늘어나면서 아버지에 대한 분노가 다소 줄어들었다. 특히 아버지도 똑같은 폭력의 희생자이며, 아버지가 저지른 잔인한 폭행도 아버지 자신을 지키기 위한 방어였다는 것을 이해하게 되면서 증오의 감정이 많이 수그러들었다. 아버지를 완전히 용서한 것은 아니었지만 이제는 용서의 초점이 자기 자신으로 변하였다. 자신이 딸에게 저지른 잔인한 폭력을 용서받을 수 없을 거라는 두려움이 그녀를 괴롭혔다. 이미 자리 잡고 있던 부정적인 자기표상이 '용서받을 수 없는 나'라는 믿음을 더욱 공고하게 만들었다. 자기표상과 하나님 표상에 대한 이해가 늘어나면서 조금씩 진전이 있었다. 이 시점에서 영성을 다루기 시작하였다.

간음하다 잡힌 여인의 이야기를 나누었다. K씨는 간음하다 집힌 여인과 자신을 '용서받을 수 없는 자'라는 면에서 동일하게 생각하였다. 특히 예수님이 여인에게 한 말씀을 마치 자기 자신에게 한 것으로 받아들였다. "나도 너를 정죄하지 않는다. 가서, 이제부터 다시는 죄를 짓지 말아라." 이 말씀에는 두 가지 메시지가 뚜렷하게 드러난다. '나도 너를 정죄하지 않는다'는 말씀 속에는 너는 죄를 지었다는 것을 명확히 하고 그렇지만 정죄하지 않는다는 것을 분명히 하셨다. 그런데 이 죄는 우리 모두가 짓는 죄라는 것도 확실하게 지적하셨다. 앞서 율법학자들과 바리새파 사람들 그리고 군중을 향해 "너희 가운데서 죄가 없는 사람이 먼저 이 여자에게 돌을 던져라."라고 말씀하셨기 때문이다. 간음한 여인과 마찬가지로 우리 모두 죄인이라는 것이다. 예수님은 우리 모두가 죄인이라는 것을 분명히 하심과 동시에 "다시는 죄를 짓지 말아라."라고 말씀하셨다. 예수님은 우리가 할 수 없는 일을 하라고 공연히 빈말을 던지실 분이 아니다. 예수님은 우리가 죄인이지만 동시에 죄를 짓지 않을 수 있는 존재라는 것을 일깨워 주신 것이다.

간음한 여인을 발견하였을 때 만약 율법학자들과 바리새파 사람들과 군중이 예수님께 와서 예수님 말씀처럼 "간음한 여인만 죄를 범한 것이 아니라 우리 모두 똑같이 죄인입니다. 우리가 어떻게 해야 죄를 짓지 않을 수 있을까요?"라고 깊이 통회하였다면 아마 예수님의 깊은 위로를 받고 예수님이 주시는 천국의 삶을 누렸을 것이다. 왜냐하면 산상수훈에서 예수님은 "심령이 가난한 자는 복이 있나니 천국이 그들의 것임이요 애통해하는 자는 복이 있나니 그들이 위로를 받을 것임"이라고 말씀하셨기 때문이다. 영적으로 도약한다는 것은 바로 이렇게 간음한 여인이나 우리 자신이나 모두 동일한 하나님의 형상이라는 것을 깨닫는 것이다. 또한 우리 스스로는 죄에 대하여 어찌할 수 있는 힘이 전혀 없는 자라는 것을 아는 것이다. 즉, 심령이 가난한 자가 되는 것이다. 그리고 그런 우리 자신에 대해 애통해하는 것이다. 그래야만 비로소 성령의 인도하심을 받으면서 이 세상의 체계에 갇힌 존재로부터 하나님께서 설정하신 목표와 방향이라는 새로운 차원을 발견한 전인, 즉 참된 하나님의 형상으로 도약이 가능해질 것이다. 다시 말해서, 내가 가진 이 세상의 가치관을 가지고 관계를 맺는 것이 아니라 성령의 인도하심 속에서 참된 하나님의 형상으로서 영적 관계를 맺는 것이다.

K씨와 딸의 관계도 동일하다. 이 세상의 눈으로 보면 K씨는 딸에게 잔인한 죄를 저지른 엄마이고 딸은 피해자이다. 그러나 예수님의 시선으로 보면 둘 다 죄인이다. 동시에 둘 다 죄를 짓지 않을 수 있는 존재이다. 어쩌면 죄를 짓지 않아야 하는 존재이다. 두 사람 다 참된 하나님의 형상이다.

앞의 A실장 사례에서 제시하였던 차원적 존재론은 K씨 사례에도 똑같이 적용된다. 2차원의 그림자 차원에 있는 K씨와 딸은 마치 네모와 동그라미처럼 서로 다른 모습이다. 이 둘은 본래가 죄인일 뿐 아니라 성장과정에서 많은 상처를 받았기 때문에 알게 모르게 죄를 지을 수밖에 없는 존재들이다. 그래서 어떤 형태로든 죄를 지으며 갈등할 수밖에 없다. 그러나 K씨와 딸이 2차원의 그림자 차원에 머물지 않고 3차원의 본래의 형상을 되찾게 된다면 그런 갈등은 문제가 되지 않는다. 갈등이 없어진다는 뜻이 아니라 3차원에 있기 때문에 2차원의 그림자 갈등은 이제 문제가 되지 않는다는 뜻이다. 왜냐하면 네모냐 동그라미냐가 초점이 아니라

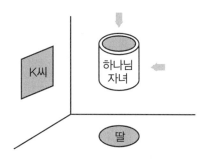

우리 마음의 차원(그림자 차원)에서 바라보면 K씨는 딸을 학대하는 가해자이고 여섯 살 어린 딸은 학대당하는 피해자이다. 하나님의 눈(본래의 영적 차원)에서 보면 K씨와 딸 모두 죄를 짓지 않고 살 수 있는 하나님의 자녀이다. K씨와 딸이라는 현실 속의 가해자-피해자 모습은 단지 영적 차원이 현실 속에 비춰진 그림자 모습에 불과할 뿐이다.

참 형상으로서 어떻게 해야 하는가가 초점이 되기 때문이다. 내 상처 때문에 누군가에게 상처를 주고받고 하는 것은 그림자 차원에서 살 때 부딪치게 되는 문제이다. 그림자 차원이 아닌 참 형상의 차원에서 살아갈 때 우리의 초점은 어떻게 참 형상인 예수님처럼 올바로 사랑하는 가이다. 이것이 참된 사랑으로 도약한다는 것의 의미이다.

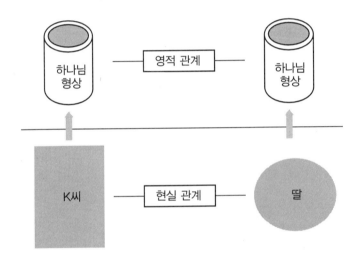

2차원의 그림자 차원에 있는 K씨와 딸은 마치 네모와 동그라미처럼 서로 다른 모습이다. 그러나 본래의 3차원에서는 동일한 원통 형상이다. 낮은 차원의 네모와 동그라미는 본래의 차원에 있는 원통의 그림자들에 불과하다. 현실에서는 그림자끼리 현실관계를 맺지만 본래의 차원에서는 각각 하나님의 형상으로서 영적 관계를 맺을 수 있다.

∞ 종결: 치료 상황에서 생활 속 영성으로

K씨의 정신치료는 3년간 진행되었다. 종결과정을 진행하면서 K씨는 치료자와 헤어지는 것에 대한 불안정한 심리를 드러냈다. 다른 한편으론 하나님의 형상으로서 어떻게 제대로 살아가야 하는지에 대해 깊은 관심을 보였다. 신앙에 대한 깊어진 관심이 치료자와의 종결과정의 불안과 허전함을 많은 부분에서 보완하는 것으로 보였다. 그렇다고 K씨의 영적 관심이 치료자와 헤어짐에 대한 단순한 방어 차원은 결코 아니었다. 차원적 존재론과 하나님의 형상으로 도약한 삶을 이해하면서 진심으로 그런 삶을 살기를 바랐고, 또 그렇게 살려고 노력하는 모습이 뚜렷하였다.

K씨의 부정적 내적대상관계는 아직도 신앙생활에 영향을 미치고 있었다. 부정적 자기표상이 많이 변화되었지만 여전히 K씨는 거룩함, 신령함, 은혜로움 등의 개념이 자신에게는 어울리지 않는 것이라고 생각하였다. 상담 상황에선 이런 저런 영성에 대한 이야기를 하다가도 막상 생활 속에서는 위축되는 모습을 보였다. K씨는 영적으로 살아간다는 것을 고귀한 영혼을 가진 사람이 수도원과 같은 특정한 장소에서 신비로운 의식을 통해 하나님을 만나는 것과 같은 것이라고 생각하였다. 한마디로 자신은 그런 영적 삶을 살아가기엔 여러모로 맞지 않는 사람이라고 은연중에 느끼고 있었다. 이런 부분은 종결과정에서 다시 한 번 부정적인 자기표상을 다룰 수 있는 좋은 기회를 제공해 주기도 하였지만 한편으론 영성에 대한 새로운 이해가 필요하다는 것을 보여 주는 것이기도 하였다.

안셀름 그륀Anselm Grün*은 영성을 위로부터의 영성과 아래로부터의 영성으로 구분하여 설명하였다. 위로부터의 영성은 자기 수련이나 수행 혹은 특정한 기도방법 등을 통하여 하나님과 만나거나 예수님과 같은 삶을 살아가려고 하는 것이다. 위로부터의 영성이라고 부른 이유는 높은 수준의 영적 상태를 필요로 하는 영성이란 뜻인 것 같다. 예를 들어, 수도승 신학을 공부하고 성 베네딕도회 사막 수도원에서 3년간 깊은 고독과 침묵의 수도생활을 한 어떤 신부님은 성독(렉시오 디비나)을 "하나님의 은총과 성령의 인도하심에 따라 단순하고 순수한 열정을 지니고 자신의 전 존재로 하나님의 말씀을 마음으로 읽고, 들으며 그분의 현존 안에 깊이 머물고자 하는 것"이라고 설명하였다.** 뒤 이어 성독은 어떤 부수적인 수행이 아니라 수도자들을 궁극 목표로 직접 인도하는 수행이라고 부언하였다.

이와 같이 깊은 고독과 침묵 중에 수행하면서 자신의 전 존재로 하나님의 현존 안에 깊이 머물 수 있다면 참 좋을 것 같다. 그러나 우리가 만나는 내담자들은 정반대의 상황에 처한 사람들이다. K씨의 경우, 주의를 집중하여 침묵하고 하나님께 집중하는 것과 정반대로 정돈되지 못한 고통과 분노와 아픔이 온통 마음을 소란스럽게 뒤흔들고 있다. 집중을 하고 싶어도 도무지 집중을

---

* 안셀름 그륀, 아래로부터의 영성. 분도출판사. 1999.
** 허성준, 렉시오 디비나 Ⅰ. 분도출판사. 2015.

할 수 없는 심리상태를 가진 사람이다. 더욱 문제가 되는 것은 하나님께 집중을 못하는 것에 머물지 않고 자신의 경험의 틀을 가지고 잘못된 하나님 표상을 만든다는 점이다. 실제 자기 아버지의 연장선상에서 하나님을 경험함으로써 하나님을 무서운 폭군과 같은 하나님으로 경험한다. 정확히 말하면 폭군과 같은 하나님 표상을 갖고 있을 뿐이다. 뿐만 아니라 폭군적인 하나님 표상이 초자아를 강화하여 징벌적인 가혹한 초자아를 형성하게 하였다. 그렇기 때문에 K씨는 하나님의 현존 안에 깊이 머물고 싶어도 그럴 수가 없다. 왜냐하면 K씨에겐 그가 머물러야 할 참된 하나님이 안 계시고 그녀가 갖고 있는 하나님 표상만 있기 때문이다. 결국 K씨와 직접 영성 자체를 다룰 여지가 없다. K씨와 영성에 관해 이야기하기 위해선 왜곡된 하나님 표상을 형성하게 만든 심리적인 문제를 먼저 처리해야만 한다. 아래로부터 영성은 바로 이 지점에서 시작한다.

아래로부터 영성은, 하나님이 높은 영성을 가진 사람에게도 말씀하시지만, 또한 우리의 상처와 연약함을 통해서도 말씀하신다는 것을 의미한다. 가난한 사람, 신체와 마음에 어려움을 가진 사람, 슬퍼하는 사람, 고아와 과부를 기쁘게 받아 주시는 예수님이 우리의 심리적 상처와 고통 속에서도 한 사람 한 사람을 만나 주시는 영성을 의미한다. 하나님이 예수 그리스도 안에서 인간으로 오신 것 자체가 아래로부터 영성의 시작이 아닐까? 예수님은 예루살렘에 있는 궁중에서 태어나신 것이 아니라 작은 지방 베들레헴의 마구간에서 태어나셨다. 융Jung은 우리 자신이 바로 하나님이 탄생하고자 하는 하나의 마구간임을 강조하고 있다.* 우리의 내면은 마구간과 같이 더럽고 지저분하다. 우리 스스로는 하나님께 보여 드릴 어떤 것도 가지고 있지 않다. 바로 그렇게 상처입고 연약한 존재이기 때문에 하나님은 우리 안에 살고자 하신다.

자신이 가지고 있는 부정적인 내적대상관계 때문에 K씨는 남의 얘기를 쉽게 믿고 받아들이지 못하였다. 그것은 치료자 관계에서도 그랬다. 적절한 심리적인 해석과 설명은 비교적 잘 받아들였지만, 오랜 기간의 치료관계를 맺어왔음에도 불구하고 영적인 이야기들은 그만큼 받아들이지 못하였다. 부정적 대상표상 때문에 기본적으로 남의 말은 깊게 와 닿지 않는 것처럼 보였다. 그런 점에서 성경의 말씀을 직접 나누는 것은 도움이 되었다. 성경을 인용하여 이야기할 땐 훨씬 신뢰하고 받아들인다는 느낌을 받았다. 이런 점을 고려하여 하나님이 K씨와 훨씬 가깝게 함께하신다는 것, 생활 속에서도 쉽게 하나님을 만날 수 있다는 점을 성경 말씀을 통해 나눌 필요가 있었다.

이렇게 하신 것은, 사람으로 하여금 하나님을 찾게 하시려는 것입니다. 사람이 하나님을 더듬어 찾기만 하면 만날 수 있을 것입니다. 사실 하나님은 우리 각 사람에게서 멀리 떨어져 계시지 않습니다. 여러분의 시인 가운데 어떤 이들도 '우리도 하나님의 자녀이

---

* 안셀름 그륀, 아래로부터의 영성에서 인용.

다' 하고 말한 바와 같이, 우리는 하나님 안에서 살고, 움직이고, 존재하고 있습니다(사도행전 17:27-28).

이 구절은 사도 바울이 아테네의 아레오파구스 광장에서 아테네 사람들에게 행한 말 중의 일부이다. 그들이 모든 면에서 종교심은 많으나 경배의 대상이 잘못된 것을 보았다. 특히 '알지 못하는 신에게'라고 새긴 제단을 보았다. 그것을 보고 바울은 우주와 그 안에 있는 모든 것을 창조하신 하나님께서는 사람의 손으로 지은 신전에 거하지 않으신다는 것과 우리의 삶 속에서 쉽게 만나 주시는 분이라는 것을 강조한 것이다. K씨는 특히 "우리는 하나님 안에서 살고, 움직이고, 존재하고 있습니다."라는 구절이 크게 와 닿는다고 하였다.

영성지향정신치료라는 개념이 익숙한 것이 아니기 때문에 대상관계정신치료와 영성지향 대상관계정신치료의 차이점이 무엇인지 잠깐 생각해 보는 것이 도움이 될 것 같다. 대상관계정신치료는 정신치료를 통하여 내적대상관계가 변화되어 보다 건강한 대인관계를 맺어 갈 수 있도록 도와준다. 이때 두 가지 치료요인이 작용한다. 하나는 치료자의 해석을 통하여 내적대상관계, 즉 자기표상과 대상표상이 어떻게 현재의 실제 대인관계에 역동적으로 관계하는지를 통찰하는 것이다. 그래서 자신이 가지고 있는 대상표상과 자기표상을 이해하고 알게 된다. 다른 하나는 치료자와의 공감받는 관계 자체이다. 치료자와의 공감받는 관계는 사실 어린 시절 성장과정에서 좋은 부모와 당연히 경험해야 했던 것들이다. 불행하게도 K씨는 이런 경험을 하지 못했다. 오히려 정반대로 전혀 공감받지 못하고, 심지어 학대당하는 고통스러운 경험을 하였다. 그런 경험은 내재화되어 K씨의 마음속에 매우 부정적인 대상표상과 자기표상을 형성하였다. 이제 정신치료과정을 통하여 비로소 치료자와 공감받는 관계를 경험하면서 새로운 대상표상과 자기표상을 형성하기 시작하게 된다. 어쩌면 이런 건강하고 공감받는 경험은 K씨에게 거의 처음일지 모른다. 대상관계정신치료가 아주 성공적으로 잘 진행된다면 K씨의 자기표상과 대상표상은 상당히 건강하게 변화될 것이다. 어린 시절 아주 좋은 애착을 경험한 사람들의 내적대상관계만큼 변화되진 않겠지만 일상 대인관계의 내용은 훨씬 좋아질 가능성이 크다.

영성지향 대상관계정신치료와 그냥 대상관계정신치료와 다른 점이 무엇인가? 이 차이점을 이야기하기 위하여 먼저 세계보건기구(WHO)의 건강에 대한 정의를 살펴보는 것이 도움이 될 것 같다. 세계보건기구는 1946년 건강을 다음과 같이 정의하였다.

건강은 신체적으로 정신적으로 사회적으로 완전히 안녕한 상태이다. 단지 질병이 없거나 병약하지 않은 것이 아니다.

이 건강에 대한 정의는 한 인간을 신체적인 측면과 정신적인 측면 그리고 사회적인 측면을 가진 존재로 본다. 즉, 신체적-정신적-사회적 존재로 한 인간을 바라본다. 이 정의 이후 오랜 논의 끝에 1997년 세계보건기구 집행위원회는 건강에 대한 새로운 정의를 제안하였다.

> 건강은 신체적으로, 정신적으로, 영적으로, 사회적으로 완전히 안녕한 역동적인 상태이다. 단지 실병이 없거나 병약하지 않은 것이 아니다(이 정의는 아직까지 전체 총회에서 공식적으로 채택이 되진 않은 상태로 보인다.).

새롭게 제시된 정의는 그전 것과 비교해서 두 가지 점에서 큰 차이를 보인다. 하나는 영적 측면을 도입한 것이고, 다른 하나는 건강을 하나의 머물러 있는 상태a state로 보지 않고, 역동적인 상태dynamic state로 본 점이다. 즉, 인간을 신체적-정신적-사회적 존재로 보지 않고, 신체적-정신적-사회적-영적 존재로 보았다. 그리고 이런 측면들이 상호 역동적으로 작용하며 건강을 유지하는 것으로 보았다.

대상관계정신치료와 영성지향 대상관계정신치료의 차이점은 세계보건기구의 1946년 건강에 대한 정의와 1997년 제시된 것의 차이와 비슷하다. 즉, 한 인간을 신체적-정신적-사회적 존재로 보느냐 아니면 신체적-정신적-사회적-영적 존재로 보느냐의 차이이다. 대상관계정신치료는 K씨를 신체적-정신적-사회적으로 손상받은 존재로 본다. 기본적으로 많은 신체적-정신적으로 학대를 당하고 많은 정신적인 고통을 경험한 사람으로 본다. 반면 영성지향 대상관계정신치료는 K씨가 겪은 고통의 영적 측면까지 포함한다고 본다. K씨뿐만 아니라 모든 사람이 신체적-정신적-사회적-영적 존재라고 생각한다.

강변을 걷고 있는 한 사람을 생각해 보자. 그 사람은 무엇을 경험하고 있을까? 먼저 걷고 있는 자신을 느낄 것이다. 즉, 신체적 활동을 하고 있는 자신이다. 또 상쾌한 기분을 느끼면서 즐거움과 어쩌면 행복감을 느낄 것이다. 정신적 존재로서 경험이다. 동시에 주위 사람들에게 해를 끼치지 않고 자연을 훼손하지 않기 위하여 지킬 것을 지키며 산책할 것이다. 또한 이렇게 여유를 즐길 수 있는 안정된 사회적 안녕에 감사할 것이다. 사회적 존재로서 경험이다. 여기까지가 대상관계정신치료가 고려하는 경험의 영역이다.

반면 영성지향 대상관계정신치료는 그 사람의 경험을 확대해서 생각한다. 예를 들어, 이런 아름다운 환경과 이렇게 건강하게 걸을 수 있는 신체와 이런 좋은 기분들을 느낄 수 있게 해 주시는 하나님의 사랑과 은혜를 경험할 것이다. 기독교인들에게는 낯설지 않은 일이다. 영성지향 대상관계정신치료는 한 사람의 경험을 이렇듯 신체적-정신적-사회적-영적 경험이라고 본다. 걷는다는 육체적 행동을 하지만 상쾌하고 즐거운 기분을 느끼는 정신적 활동을 하고 있다. 동시에 타인관계에서 사회적 활동을 하고 사회적 안녕을 누린다. 뿐만 아니라 이런 모든 것에 대해 영적 존재로서 하나님께 감사한다. 그리고 이런 신체적-정신적-사회적-영적 경험들은 서로 역동적으로 작용하며, 서로 다른 측면에 영향을 준다고 생각한다. 아무리 아름다운 강변을 걷는다 해도 주위 사람들이 기분 나쁘게 굴면 좋은 기분을 느낄 수 없다. 당연히 하나님에 대한 감사의 마음도 생기기 힘들다. 반대로 기분이 나쁘고 영적으로 침체되었다가도 가까운 사람이 따뜻하게 공감해 주면 기분이 풀리게 된다. 동시에 몸도 가벼워지고 영적으로도 감사하게 된다. 즉, 한 인간의 경험은 항상 신체적-정신적-사회적-영적인 측면을 동시에 역동적으로 경험하는 전체적 경험이다.

한 인간의 경험은 항상 신체적-정신적-사회적-영적인 경험이라는 깨달음은 K씨에게 또 다른 변화를 가져다주었다. 자신이 딸에게 행하는 말과 행동이 딸에게 영적으로도 영향을 준다는 것이 두렵게 느껴진다고 표현하였다. 할아버지와 아버지 그리고 K씨 자신과 딸에 이르기까지 4대에 걸쳐 내려오는 학대와 증오의 사슬을 마치 영적 사슬처럼 느꼈다. 이것은 K씨 자신의 신체적-정신적 고통을 이제 영적인 것으로 경험하게 되었다는 것을 의미한다. 그리고 영적인 삶이 멀리 떨어져 있는 것이 아니라 바로 우리 삶 자체가 항상 영적인 것이라는 것을 이해하게 되면서 주위 사람들과 세상 사람들을 바라보는 시선도 달라졌다. 결과적으로 부정적인 자기표상과 대상표상에 긍정적인 영향을 미치는 것으로 보였다.

예정된 종결을 얼마 앞둔 치료시간에 K씨가 뜻밖의 체험을 이야기하였다. 딸과 관련된 경험이었다. 6개월 전부터 딸은 소아정신건강의학과에서 치료를 받아왔다. 딸은 학교에서 친구들과 잘 지내지를 못하였다. 친구관계에서 쉽게 소리를 지르거나 충동적으로 화를 내는 모습을 보였다. 선생님의 지시를 받을 때에 그런 모습은 더욱 심해졌다. 집에서도 K씨가 숙제나 공부를 도와주려고 하면 거의 언제나 격렬한 싸움으로 끝을 맺었다. 또래관계도 매우 제한적이고 사람들에 대한 두려움과 긴장이 뚜렷하였다. 어린 아이인데도 사람 관계에서 과도한 걱정과 분리불안을 비롯한 막연한 불안을 지속적으로 나타냈다. 주의력 결핍도 보였고, 수면도 불안정하였다. K씨 자신이 살아오면서 경험했던 고통스러운 증상들과 크게 다르지 않았다. 딸의 증상들은 가뜩이나 딸에 대한 죄책감에 시달리는 K씨로서는 더욱 가슴이 찢어지는 아픔으로 다가왔다.

그날도 딸을 학교로 보낸 후 K씨는 아이가 학교에서 잘 생활할지 불안한 마음에 기도를 하고 있었다. 딸의 병이 좋아질 수는 있는 것인지 나중에 자라서 제 정신을 가지고 사람 구실이나 할 수 있을지, 그런 걱정들이었다. 딸에 대한 불안과 함께 자신이 딸을 잘못 키워 이런 상태를 만들었다는 심한 죄책감이 몰려왔다. 과거 자신이 한 행동들이 떠오르면서 기도에 집중도 되지 않았다. 그런 순간 아주 선명하게 'K야 너는 언제 정신 차리고 제 구실하고 살 거냐?'라는 생각이 들어왔다. 귀에 들리는 소리는 아니었다. 그렇다고 스스로 떠올린 생각도 아니었다. 그야말로 그것은 '갑자기 아주 선명하게 들어 온 생각'이었다. K씨는 그것을 하나님이 주신 말씀이라고 믿었다. 그런 생각에 뒤따라온 말할 수 없는 평안함이 K씨에게 그런 확신을 더해 주었다. K씨의 평안함은 말로 설명할 수 있는 그런 것은 아니었다. 그렇지만 그것에 대해 이야기를 나누면서 그 평안함이 K씨와 딸의 관계에 하나님이 함께하신다는 것을 알게 되면서 오는 것이라는 것을 느끼게 되었다. K씨는 간음하다 잡힌 여인을 떠올렸다. 율법학자와 바리새파 사람들이나 간음하다 잡힌 여인이 예수님 보시기엔 다 죄인이듯이, 자신이 딸을 걱정하고 있지만 사실은 자신이나 딸이나 다 불안으로 시달리고 있는 걱정스러운 존재라는 것, 하나님 보시기엔 모두 죄 속에서 힘들어하는 안타까운 존재라는 것을 깨닫게 되었다. 무엇보다 하나님이 자신보다 딸을 더 걱정하고 계실지 모른다는 것을 느끼게 되었다. 딸은 K씨가 책임져야 할 대상이 아니라 하나님이 책임지고 계신 아이라는 이런 깨달음이 K씨에게 평안을 가져다준 것으로 보였다.

종결을 앞두고 치료 상황에서 나누는 영성만이 아니라 생활 속 영성이 되길 바라며 근심에 대해 이야기를 나누었다.

하나님의 뜻대로 하는 근심은 후회할 것이 없는 구원에 이르게 하는 회개를 이루는 것이요, 세상 근심은 사망을 이루는 것이니라 (고린도 후서 7:10)

많이 좋아졌다고 하지만 K씨 자신도 아직 여러 가지 어려움을 헤쳐 나아가야 하고, 또 딸이 아픈 현재와 같은 상황에서 K씨가 근심을 하지 않는 것은 이상한 일이다. 근심 자체를 하지 않으려는 것은 부적절한 목표이다. 이런 부적절한 목표를 은연중에 갖게 되면 근심하는 것 자체를 실패한 것처럼 여겨 안 해도 되는 마음 고생만 더하게 된다. 문제는 근심을 하지 않는 것이 아니라 어떻게 근심을 하느냐이다. 일반적으로 표현하면 부적절하게 근심하느냐 건강하게 근심하느냐를 구분하는 것이 필요하다. 부적절하게 근심한다는 것은 근심의 고통을 피하기 위해 술이나 약물에 빠지는 것이다. 때론 성적인 것에 빠지기도 하고 때론 일에 빠지기도 한다. 근심에 짓눌려 아무것도 하지 못하고 피폐된 생활을 하는 것도 부적절한 방식이 될 것이다. 건강한 근심은 힘들지만 최대한 감정을 다스리고 가능한 대로 문제를 해결하려고 하는 것이다. 결코 말처럼 쉬운 일이 아니다. 그러므로 필요하면 치료를 받을 수도 있고, 상담을 하는 것도 좋은 방법이다. 물론 기독교인이라면 하나님의 뜻대로 하는 근심이 단지 근심을 해결해 줄뿐 아니라 구원에 이르는 회개를 이룰 수 있다고 성경은 말씀하고 있다. 하나님의 뜻대로 하는 근심은 아마 연약한 우리의 근심과 불안 속에서 만나 주시는 하나님으로부터 시작될 것이다.

정신치료를 종결하는 날 K씨는 또 다른 종교적 체험을 이야기하였다. 지난번 'K야 너는 언제 정신 차리고 제 구실하고 살거냐?'라는 생각이 선명하게 떠오르는 경험을 한 후 K씨는 마음이 많이 편안해지며, 딸과의 관계도 좀 더 안정이 되었다. 남편과의 관계도 조금씩 호전되어 가는 것을 느낄 수 있었다. 감사하다는 느낌까지 문득 문득 떠올라 가슴에 온기가 느껴지는 느낌을 받을 때도 있었다. 전에 경험해 보지 못한, K씨 표현에 의하면, 낯선 나날들을 보내고 있었는데, 지난 주 예배 시간에 K씨는 아주 특별한 체험을 하였다. 예배 중에 강단 뒤에 서 있는 십자가를 보면서 할아버지로부터 아버지로 그리고 자신과 딸에게 4대에 걸쳐 내려오던 학대의 고리가 십자가로 다 흘러들어가는 듯한 강렬한 느낌을 받았다.

체험의 상렬함에 비해 K씨의 반응은 오히려 담담한 편이었다. K씨는 이 경험을 통해 자신과 가족이 치유받을 수 있을 거란 확신을 갖게 되었다고 말하였다. K씨에게 신앙적으로나 심리적으로 모두 긍정적인 체험으로 보였다. 치료의 종결 시간에 이런 긍정적인 변화에 대한 이야기를 함으로써 이별하는 치료자에게 큰 선물을 주는 것 같은 느낌을 받았다. 그러나 치료가 종결된 나중에야 그것은 K씨가 치료자에게 준 선물이 아니라, 3년의 정신치료 기간 내내 함께해 주셨던 하나님에게 드리는 선물이었다는 것을 비로소 알 수 있었다.

■ 참고문헌

안셀름 그륀, 아래로부터의 영성. 분도출판사. 1999.

안토니 후쿠마, 개혁주의 인간론. 기독교문서선교회. 1990.

제씨 펜 루이스, 십자가의 도(이현수 옮김) 두란노. 1998.

최영민, 대상관계이론을 중심으로 쉽게 쓴 정신분석이론. 서울: 학지사. 2010.

최영민, 쉽게 쓴 자기심리학. 학지사 2011.

칼빈, 기독교 강요(원광연 옮김) 3.3.9. 크리스천 다이제스트. 2003.

허성준, 렉시오 디비나 Ⅰ. 분도출판사. 2015.

Fine R., A *History of Psychoanalysis*. New York, Columbia University Press, 1979.

Ftankl V., *The will to meaning*. Plume Books 1969. p. 23.

Gabbard G., Countertransference: The emerging common ground. Int *J Psychoanal*, 1995;76:475-485.

Scott(1997), Categorizing definitions of religion and spirituality in the psychological literature. In Sperry L, Shafranske P, *Spiritually Oriented Psychotherapy*. APA. 2005.

■ 저자 소개

최영민

  서울대학교 의과대학교를 졸업하였다. 정신과 전문의이며 의학박사이다. 대상관계이론과 자기심리학을 중심으로 정신분석 각 학파의 개념들을 비교·분석하는 작업을 계속하면서 궁극적으로 기독교 신앙 안에서 정신분석 개념들을 통합하는 것을 목표로 연구해 왔다. 『대상관계이론을 중심으로 쉽게 쓴 정신분석이론』(2010. 2011년 대한민국학술원 기초학문육성 우수학술도서), 『쉽게 쓴 자기심리학』, 『영성지향심리치료』, 『새로운 나를 여는 열쇠』 등 10권의 저서 및 역서가 있으며, 「정신병리적 종교성에 대한 정신분석적 고찰」, 「상호주관성: 정신분석 패러다임의 변화」, 「자아심리학과 대상관계이론의 비교」, 「기독교 신앙이 외래 정신분열병 환자의 치료에 미치는 영향」 등 60여 편의 논문이 있다. 현재 인제대학교 의과대학 상계백병원 교수이다.

영성지향
대상관계정신치료

2017년 8월 10일 1판 1쇄 인쇄
2017년 8월 25일 1판 1쇄 발행

지은이 • 최영민
펴낸이 • 김진환
펴낸곳 • (주)학지사
　　　　04031 서울특별시 마포구 양화로 15길 20 마인드월드빌딩
대표전화 • 02)330-5114　　　　팩스 • 02)324-2345
등록번호 • 제313-2006-000265호

홈페이지 • http://www.hakjisa.co.kr
페이스북 • https://www.facebook.com/hakjisa

ISBN 978-899-997-1329-3 03180
정가 14,000원

이 도서의 국립중앙도서관 출판시도서목록(CIP)은 서지정보유통지원
시스템 홈페이지(http://seoji.nl.go.kr)와 국가자료공동목록시스템
(http://www.nl.go.kr/kolisnet)에서 이용하실 수 있습니다.
(CIP제어번호: CIP2017019500

교육문화출판미디어그룹 학지사
심리검사연구소 인싸이트 www.inpsyt.co.kr
원격교육연수원 카운피아 www.counpia.com
학술논문서비스 뉴논문 www.newnonmun.com